非凡十年：
海外和港澳專家看中國

紫荊雜誌社　大同出版傳媒　編

出版說明

　　黨的十八大以來，以習近平同志為核心的黨中央團結帶領全黨全國各族人民，採取一系列戰略舉措，推進一系列變革性實踐，實現一系列突破性進展，取得一系列標誌性成果，推動黨和國家事業取得歷史性成就、發生歷史性變革。中國在這非凡十年中取得的發展成果令世界矚目，新時代十年的偉大變革具有里程碑意義。

　　當前，世界之變、時代之變、歷史之變正以前所未有的方式展開，人類社會面臨前所未有的挑戰。世界又一次站在歷史的十字路口，何去何從取決於各國人民的抉擇。全球發展進程遭受嚴重衝擊，國際發展合作動能減弱，南北發展差距進一步擴大……世界百年未有之大變局深刻變化前所未有，"世界怎麼了、我們怎麼辦"的世界之問亟待回答與解決。

　　十年奮進，十年發展，中國共產黨帶領中國人民不懈奮鬥，書寫與繪就了非凡十年的壯麗畫卷。中國以非凡十年，為回答"世界之問"貢獻中國智慧，提供中國方案。

　　國際社會是如何看待中國和中國共產黨的？又是如何分析評論這十年中國發展變化的？在中國共產黨第二十次全國代表大會召開之際，我們邀約全球對中國有較深研究的 18 位知名專家學者，從國際視角對中國智慧、中國方案、中國式現代化道路等作客觀深入解讀。

　　這些專家有 2013 年諾貝爾化學獎獲得者阿里耶・瓦謝爾（Arieh Warshel），"金磚之父"吉姆・奧尼爾（Jim O'Neill），美國庫恩基金會主席、中國改革友誼獎章獲得者羅伯特・勞倫斯·庫恩（Robert Lawrence Kuhn）等，他們從政治、經濟、科技、法律、文化、社會等方面，對十八大以來中國在共產黨領導下取得的發展成就進行了多角度的評價分析，其中不乏專家們到中國內地或香港特區工作生活、或長期與中國共產黨不同層級領導幹部交往的親身感受。將各位專家學者的觀點編輯出版，相信有利於幫助廣大讀者從一個全新視角學習理解黨的二十大精神。

為便於讀者掌握十年來我國經濟社會發展的成就，我們在附錄中收錄了國家統計局的一篇報告《新理念引領新發展 新時代開創新局面》，並製作了相關圖表。

紫荊雜誌社　大同出版傳媒

2022 年 10 月

目錄
CONTENTS

中國的成就源於
共產黨把人民
放在第一位

盛智文（Allan Zeman）
香港大紫荊勳賢、蘭桂坊集團主席

我親眼見證了中國發生的巨大變化，尤其是習近平擔任中國共產黨的總書記和國家主席的這十年。

中國真正從內到外的壯大非常重要

習近平總書記很早就意識到，腐敗現象是制約中國共產黨、制約中國發展的重要因素，也是中國人民非常憎惡的現象。擔任中共中央總書記的頭幾年，他就凝聚力量，構建了有能力的班子，一個足以有效打擊腐敗的班子，確保能夠將貪官依法懲處，不論小官員還是大官員。我不認為還有其他人能如此有力打擊腐敗現象，令貪腐問題得到切實有效的治理。這也令人民對習近平另眼相看——這位領導人是來真的，他真的展示出了要讓人民的生活更好的決心，他也做到了。

習近平總書記通過多種方式發展壯大中國共產黨。他將優秀人才吸引到黨內，令中國共產黨黨員人數持續增長——已經達到 9,600 多萬人（比德國人口還多 1,000 萬）。在他的領導下，中國共產黨變得更加紀律嚴明、黨性純潔和有力量。作為中國共產黨的領導核心，習近平能夠將整個中國共產黨團結起來，獲得每一個人的堅定支持。

習近平做的另一件事就是綠色發展。綠色發展和保護地球，這是現在全球的熱點話題，也引起了年輕人的廣泛關注。中國現在已經成為治理污染方面領先的國家之一。過去，中國為了提高國民收入和生活水平，加快經濟發展，污染也隨之而來。以前我到北京的時候，記得北京的空氣質量很糟糕。而 2020 年，北京全年空氣質量良好的天數達到

75.4%，全國城市空氣質量良好的天數達到了 87%，這很了不起。中國也計劃 2060 年實現 "碳中和"。如今，在世界的眼中，中國已經成為一個非常負責任的國家。

在習近平的領導下，中國成為一個強大的國家，並且進入了一個強盛時期。習近平新時代中國特色社會主義思想，帶領人民走出絕對貧困。在全國範圍內消除了絕對貧困，沒有其他任何一個國家做到過。中國是第一個。因為青少年時曾在窰洞住過多年，所以習近平理解人民經受的艱辛，也因此和人民並肩同行。當發現中國貧富差距問題後，他強調扎實推動共同富裕。

在習近平的帶領下，中國正走在一條正確的道路上。雖然現在美國是全球第一大經濟體，中國排在第二，但在未來十年中國會發展更快。我們能看到美國對此非常擔心，這也是為什麼他們試圖設置各種障礙，阻礙中國的發展。正如當華為的 5G 技術領先全球時，他們想出了諸如 "如果我們允許 5G 進入我們的國家，中國政府會（通過 5G）監視我們" 的說法。所以他們要求一些國家禁止接入華為 5G 技術。當看到中國不受影響，他們更進一步，通過禁止向中國出售半導體和芯片，達到遏制中國科研創新的目的。他們的這些做法可嚇不到中國。中國的決定是，好吧，那就讓我們自力更生。正如當一些西方國家向中國發起貿易戰時，作為應對，中國通過擴大內需來拉動經濟增長一樣，面對技術封鎖，中國通過自主創新研發芯片，扶持芯片企業，不斷升級和創新，來實現科技自主。

我看到了中國人民內心發生的變化

習近平總書記提出了中國夢。他非常重視中國從內到外的發展、壯大，認為中國真正的壯大非常重要。近年來，我看到了我的內地員工身上發生的變化，看到了交談過的內地民眾身上發生的變化，看到了中國人民內心發生的變化，我也看到了世界如何看待中國所發生的變化。

過去，東方仰視西方──認為西方的學校更好，把孩子送去西方上學，移民到西方，到西方旅行……而未來西方都將仰視東方。我對年輕人說："到東方去，年輕人。現在不再是'東方去到西方'了。"中國只會越來越強大。

香港也將繼續作為東方和西方之間的超級聯絡人，"一國兩制"將繼續貫徹，這一點非常重要。

香港有 700 多萬人，中國內地有 14 億多人。14 億多人的中國內地不需要另一個 700 多萬人口的"內地城市"，而需要 700 多萬人口的"一國兩制"的香港，這才是對中國非常有益的。

哈佛調查：92% 的中國人熱愛政府、尊重政府

中國舉辦了 2008 北京夏季奧運會，又舉辦了 2022 北京冬奧會，北京成為世界上第一個先後舉辦夏季和冬季奧運會的城市。中國向世界展示了在疫情期間如何成功地舉辦一屆冬奧會：奧運選手進入奧運村的"防疫泡泡"後，奧運選手們得到了展示訓練成果和專業技能的機會；奧運選手們獲得了愉悅的體驗，滿意地離開；張藝謀帶來了非常精彩的開幕

式和閉幕式，向世界展示中國實力。這就是我認為的"軟實力"，這就是中國向世界展示自己實力的方式。

前段時間，哈佛大學發起了一項關於中國人民對政府的滿意度調查。"你喜歡你的政府嗎？""你尊重你的政府嗎？""你覺得你的生活怎麼樣？有變得越來越好嗎？"92%的受訪中國人認為，他們熱愛政府、尊重政府，他們的生活正在變得更好。這真的是了不起的成就！

反觀西方，實行着所謂的"民主"，把"民主"擺在第一位，也沒有真正行之有效的舉措，而民眾需要自己求生存。這也是為什麼他們漸漸開始落後。在美國，共和黨和民主黨相互厭棄和對立，從來不在任何事情上達成一致，這也是為什麼這類國家停滯不前，社會四分五裂。中國人民萬眾一心、攜手並進。只有當政府讓人民的生活越來越好，人民才會信任政府、熱愛政府。當一個國家的人口達到了 14 億多之巨，便會需要中國這樣的體制，而且這樣的體制極為有效。

如果世界上其他國家和地方的人們來到中國，看看這裏的機場、公路、大橋和人們的生活方式，他們就會明白，為什麼在未來，中國有可能成為全球第一。他們也將看到中國人天性愛好和平，中國是一個崇尚和平的國家，他們不需要懼怕中國的崛起。中國所希望的是讓自己國家的人民，過上越來越好的生活。我在中國生活了 45 年，我親眼見證了中國經歷的巨變：一切得到了升級換代，人們的生活變得越來越好，而這一切真的都依靠中國共產黨在不同的歷史時期起到的作用。因為他們把人民放在第一位，這是最重要的事情。

（根據紫荊雜誌社記者採訪整理）

2022 年北京冬奧會場館

2022 年北京冬奧會單板滑雪大跳台

老巷重生

注：書中圖片來自新華社、中新社，以及出版社自有圖庫。

瞭解中國共產黨

羅伯特・勞倫斯・庫恩（Robert Lawrence Kuhn）
美國庫恩基金會主席、中國改革友誼獎章獲得者

在中國共產黨的領導下，中國已躍居世界第二大經濟體。中國已經消除極端貧困，並將全體人民的共同富裕作為長期目標。在國際上，中國在全球事務中發揮着重要作用。

縱觀現實生活的方方面面，中國人民目前的生活水平比該國悠久歷史上的任何時候都要高。

中國共產黨如何使這個國家發生翻天覆地的變化？在黨的領導下，什麼因素導致中國發展如此迅速？中國共產黨1921年成立，1949年開始領導中國，如今擁有9,600多萬名黨員。我認為，無論出於什麼原因，大家都希望瞭解當中情況。

外國人並不瞭解中國共產黨——代表什麼、如何架構、如何運作，以及為什麼聲稱堅持黨的長期領導最適合中國的發展。

中國面臨諸多挑戰，其發展結果將影響整個世界。我們掌握目前形勢並把握未來走向的唯一途徑，就是瞭解中國共產黨的含義及其運作方式。中國共產黨如何治理國家？中國共產黨如何執政？

我在這裏提出可從六個方面深入瞭解中國共產黨：合法性，領導力，核心，選人用人，從嚴治黨和反腐倡廉，深化改革。

中國共產黨的合法性

中國共產黨如何主張其合法性？如何始終保持領導地位？中國共產黨經過激烈的鬥爭，得到群眾的支持和壓倒性勝利而獲得合法性，從1949年開始領導中國。20世紀70年代末，中國共產黨深刻認識到，只有實行改革開放才是唯一出路。經過 40 多年的快速發展，中國已躍居世界第二大經濟體，讓數億人擺脫絕對貧困——這一切都是在中國共產黨的領導下實現的。

是什麼讓中國自 1978 年以來發展如此迅速？

不瞭解中國共產黨，就無法瞭解中國。

中國共產黨不像其他國家的政黨，不是一個基於與生俱來權利的貴族階層，而是一個基於服務中國人民取得的非凡成就，基於嚴密管理的組織——或者說，更像一間管理着若干大型子公司的控股公司。

什麼因素使中國共產黨得以領導中國實現歷史性發展，成為長盛不衰的執政黨？原因包括黨的架構（中央、地方和基層的分級組織）、黨的幹部選拔和培養，以及黨對政府的領導。

時代在變，新的問題亦不斷出現。

黨的未來取決於內容和形式。內容是指在面對未來經濟轉型和社會發展的挑戰時，黨做得有多好。形式是指以透明、公平、自信、成熟和睿智為衡量標準時，黨對自己的故事講得有多好。黨必須繼續贏得人民的支持和信任。

中國共產黨的領導力

"黨政軍民學、東西南北中，黨是領導一切的。"

為什麼中國選擇"共產黨領導的多黨合作和政治協商制度"？西方的多黨競爭制度會使中國更加穩定嗎？中共中央總書記習近平為黨領導經濟社會發展帶來哪些創新？未來五至

十年，黨如何加強治國理政？

　　近年來，中國共產黨全面加強在經濟、政治、文化、社會建設、生態文明建設等領域的領導，以應對中國未來發展面臨紛繁複雜的形勢變化和風險挑戰。

中國共產黨的核心

　　在黨領導的政治體制下，核心是什麼？為什麼以習近平總書記為核心是必要的？

　　2016 年 10 月，中國共產黨十八屆六中全會明確習近平總書記為黨中央的核心，更是全黨的核心。當時，他已經擔任中共中央總書記、國家主席、中央軍委主席這三大最高領導職務。核心如何影響黨的決策？黨的核心與 "民主集中制" "集體領導" 等黨的基本原則有什麼關係？

　　當時，有專家告訴我，確立核心與四個因素相關。首先，需要強而有力的領導，以維護穩定、團結和加快改革，特別是考慮到中國面臨的複雜挑戰，還有抵制改革的不利因素。其次，作為核心不僅要帶領中國改革發展，還要為之負起責任。再次，核心並不違背黨的民主集中制原則。最後，需要全面從嚴治黨，如堅持不懈地推進反腐。

　　2021 年 11 月，中國共產黨十九屆六中全會的歷史決議正式提出 "兩個確立"：一是確立習近平同志黨中央的核心、全黨的核心地位；二是確立習近平新時代中國特色社會主義思想的指導地位。

　　以習近平為核心的深層意義在於，在可預見的未來，堅強而有力的領導和民族團結至關重要。

中國共產黨的選人用人

黨如何選拔、培養、監督和懲戒幹部？中國共產黨持續作為中國執政黨長達 70 多年，領導中國取得巨大發展，並使這個國家成為一個全球大國，這讓外國人感到迷惑不解。

這個 "謎團" 的答案之一是黨員素質，它是由黨內的選人用人所決定的。另一個答案是——打擊腐敗、奢靡和濫用職權。

中國官員的專業精神不僅限於高層領導，高質量的公共管理無處不在。自古以來，中國在選拔最優秀的人才進入公共服務領域方面有着悠久的歷史。在西方鮮為人知的是，中國共產黨的組織部門負責選拔、培訓、監督、考核黨政幹部，必要時對犯錯的黨政幹部給予降級或開除等處分。這個程序是嚴格的、定量的和連續的——透明度越來越高，參與範圍越來越廣。培訓嚴肅緊張且貫穿整個職業生涯。黨員幹部到黨校參加在職學習——學習市場經濟和企業管理以及馬克思主義理論，當然都具有 "中國特色"。

中國共產黨的工作作風和個人行為的規則現在更加嚴格。中央八項規定要求厲行節約，反對浪費，輕車簡從、簡化接待、開短會、講短話，力戒空話。持續而系統的培訓強調道德、權力和自律，以及決策、經營和處事公正。

33 年來，我經常與各級中國官員會面——總的來說，中國官員是世界上最稱職的行政人員之一。

當然，挑戰也是有的，中國共產黨領導層意識到了這些問題。這也正是設立中共中央紀律檢查委員會和國家監察委員會的初衷。

中國共產黨從嚴治黨和反腐倡廉

中國共產黨在習近平領導下史無前例且堅持不懈地反腐，贏得了公眾的大力支持，而且一定會繼續下去。

習近平曾說過："物必先腐，而後蟲生""如果任憑腐敗問題愈演愈烈，最終必然亡黨亡國"。

中國的腐敗現象尚未根除，涉及商業、政府和政治的多個層面，而且事實證明貪腐具有頑強和惱人的韌性。在最好的情況下，腐敗是經濟的拖累和社會的禍害。在最壞的情況下，腐敗會威脅經濟發展和政治穩定。

為什麼腐敗會成為這樣一個問題？根本原因是什麼？

習近平說："沒有監督的權力必然導致腐敗，這是一條鐵律。"

由於腐敗的腐蝕性和無處不在的影響，打擊腐敗還可以提高經濟效率，減少改革阻力，促進政治和社會穩定。習近平要求反腐倡廉須常抓不懈，不能"虎頭蛇尾"。

習近平的解決方案是建立一種機制，更有力地發揮人民監督權力，使權力執行更加透明且制度化，使各級官員"不敢腐、不能腐、不想腐"。

有國際媒體要求我確認，反腐唯一的目的是與對立派別進行政治鬥爭和鎮壓政治對手。當一些西方分析人士將反腐視為政治權力武器時，反映了他們對中國的認識膚淺且維度視角單一。

事實上，與這個國家的規模和複雜性相適應，幾乎每一個重要的決定，中國領導人都有多種動機或理由。對於中國的反腐，我可以列出十個動機或理由（"十"沒有什麼神奇之處，可能還有更多）。

1. 將腐敗的官員繩之以法。管理中國龐大的人口和複雜的社會，必須尊重法律和司法公正。

2. 打擊腐敗，使黨獲得更多公眾信任，增強對黨繼續執政的信心。

3. 打擊腐敗，使黨可以更有效地發揮作用，為公眾利益作出決策，而不是受個人經濟利益的影響。

4. 腐敗扭曲市場，減少腐敗可以更有效分配資源。

5. 腐敗官員阻礙改革，因為改革威脅到他們當前的非法利益；罷免貪官有利於改革。

6. 腐敗官員為了個人利益阻撓法治，懲治他們是為了加強法治，維護國家利益。

7. 一些貪官除了中飽私囊外，還有離譜的、過分的政治野心，可能會破壞制度的穩定；罷免這些官員有助於促進國內團結和政治穩定，這對中國至關重要。

8. 打擊腐敗有利於中國整個社會提升道德水平。

9. 為了讓中國成為世界商業中心，中國須有世界一流的商業標準和道德規範。

10. 中國要成為全球榜樣，必須以身作則，樹立道德和正氣。

習近平根除腐敗的決心——打虎拍蠅（"老虎""蒼蠅"一起打），以及杜絕浪費和削減"三公"支出等，已經改變了政府和國有企業中的黨員幹部的工作方式甚至是思維方式。

中國共產黨深化改革

黨如何適應變化、與時俱進？我們可以從黨的歷史中學習哪些經驗教訓？ 更根本的是，一個長期執政的體制如何進行自我管理，建立有效的監督機制？黨面臨哪些挑戰？黨認為其最大的危險是什麼？

中國共產黨是一個"前進中自我完善的黨"，並將一直保持下去，這便是其力量之所在。

黨的適應能力的一個關鍵是，強調對新政策的試驗和檢測。然而，為了繼續鞏固其長期執政地位，中國共產黨有責任提高治理的正確性，以及保障人民的生活水平和福祉，其中包括法治、政府能力、治理透明度、公共監督，以及不斷增進的民主、自由和人權。

黨執政要遵循規範的規則和程序，接受公眾監督。黨肩負着歷史使命。只有不斷適應，着眼現實問題，黨才能建設真正的繁榮社會。

單一政黨領導的制度，其優勢表現在能夠迅速實施關鍵政策，例如，為應對經濟增速放緩所採取的經濟刺激和基礎設施建設一攬子計劃，以及抗擊新冠肺炎疫情所採取的措施。持續的政治領導可以確保需要長期執行的策略得以實現。例如，中國的西部大開發和"一帶一路"倡議。

進入新時代，中國共產黨面臨着諸多挑戰：進一步深化改革、創新發展等，同時也要完善自我監督管理的機制。

不同視角下領略"中國天眼"之美

湖北省宜昌市秭歸縣拍攝的三峽水利樞紐工程

位於渤海灣畔的天津港，連接東北亞和中西亞，是京津冀及"三北"地區的海上門戶和中國北方重要的對外貿易口岸，長期居於全球十大港口之列

蓬勃發展的中國十年

馬丁·雅克（Martin Jacques）
英國劍橋大學前高級研究員

2012 年起中國在很多方面蓬勃發展

對中國來說，這是相當不平凡的十年。2008 年，西方國家金融危機後，中國卻異軍突起，此後取得了非常成功的發展，並且對自身在世界上的角色形成了更加清晰和全面的認識。2012 年，習近平當選為中共中央總書記，之後中國在很多方面有了蓬勃發展。

首先，中國經濟發展日趨成熟，也越來越重視科技。華為、騰訊、阿里巴巴等科技公司蓬勃發展。中國向世界宣告，他不僅是一個在數量上快速增長的經濟體，而且通過提升創新能力，在質量上也得到了快速提高。近年來，中國構建以國內大循環為主體、國內國際雙循環相互促進的新格局，以期減少對出口拉動國內生產總值的依賴，轉而更多地依賴國內市場及其增長。我們已經看到，這是一個平穩的過程。

其次，中國不再沉默和謹慎，而是更願意在世界發揮更大的作用，他不僅是規則實施的接受者，更是規則制訂的參與者。中國提出"一帶一路"倡議，建設亞洲基礎設施投資銀行，兩者相輔相成。如果要強調哪個更重要，我認為是"一帶一路"倡議，因為這是一個極具創新性的想法，將有助於在亞歐大陸與中國建立一套新的國際關係，從其近鄰，一直到中亞，到中東，再到歐洲。這已經吸引了全世界許多人的注意力，並產生了奇異的效果。中國外交政策重視發展中國家，而不只是重視發達國家。中國與發展中國家的關係進展順利。

再次，對中國來說，這也是一個更加複雜的時期，因為有兩個非常大的變化，其中一個也許能預見，另一個則無法預見。可以預見的是，美國對中國日益增長的敵意，或者說對中國的消極態度。在特朗普當選美國總統之前,看到了一些點滴,特朗普當選之後,則逐漸看到了全貌。因此,中國急切需要在這一時期找到應對辦法,應對充滿敵意和侵略性的氛圍和環境,還包括解決自身經濟發展的問題。在我看來,兩個大國之間這種緊張關係短期內不會消失,這很可能是實際情況。所以,中國現在確實需要從全球經濟和政治環境的角度重新思考其發展。

不可預見的顯然是新冠肺炎疫情。這對中國和世界來說都是巨大的衝擊,百年不遇。當然,我們曾經歷過 SARS 和 MERS,但這次是在全球範圍內發生的疫情,與西班牙流感以來的任何疫情都完全不同。中國對此做出了出色的反應。與其他國家或地區相比,尤其是除新西蘭之外的西方世界,中國取得了非凡的成就,實際上,新西蘭在關鍵方面與中國採取的方法是相似的。當然,這個問題仍然存在,並沒有解決。新冠肺炎疫情發展已經進入了一個新階段。中國需要不斷優化防控措施以適應新形勢。這是一個相當複雜的問題。一些西方人認為這是一個簡單的問題,但事實並非如此。

應該思考我們現在的處境和未來

回顧過去十年,我們也應該思考現在的處境以及未來的發展方向。之所以這麼說,是因為從 2016 年開始,中國面臨的問題與 1978 年到 2016 年間的問題截然不同。中國面臨的全球環境與早期大不相同,早期國際環境對中國發展十分有利。中美之間相對良性的關係,中國成為世界貿易組織的成員等,給中國帶來了發展機遇。後來,一些西方國家企圖孤立打壓中國，但中國設法走出來了，以各種形式為自己的發展贏得了支持。

中國正面臨着一個日益分裂的世界，這個世界非常不穩定，也不可預測，在某些方面還很混亂。為什麼現在會出現這種情況？主要原因是美國的衰落。自 1945 年以來，美國一直是全球霸主，是國際秩序的締造者和領導者，但是現在越來越無法行使這種領導權，因為他正在衰落。全世界都能看到這一點。因此，越來越多的國家以這樣那樣的方式，以單邊或多邊的方式，為自己的利益行事，美國不再擁有同樣的控制權。

這是世界不穩定的主要原因，但並非唯一原因。這就是中國在實際中面臨的情況。這意味着什麼？

首先，全球經濟增長無法保證。在早期，全球經濟總體上以合理的速度增長。現在，我們完全不能依賴於此。我們正面臨着一個非常不確定的全球經濟形勢——西方已經熟悉了一段時間。2008 年以來，特別是歐洲經濟，幾乎沒有增長。現在這種不確定的全球經濟環境將變得更加不確定、更加消極。在這種情況下，甚至有可能在某個時候出現一場重大的全球經濟危機。其次，回望 1918 年至 1939 年兩次世界大戰之間的時期，當時英國是全球霸主，但英國在第一次世界大戰後非常衰弱，無法再發揮這種領導力。這是一個被低估的主要原因，也是造成這一時期不穩定的一個主要原因。隨着 1929 年到 1933 年的大蕭條，世界最終分裂成不同的貨幣區，然後出現巨大的不穩定、大量失業、法西斯主義興起，最後是第二次世界大戰。我並不是說這些事情現在都會發生——我不認為會發生，但在未來的新環境中，發生的趨勢很強。

關鍵因素：中國贏得全球支持的能力

現在中國將不得不應對這種複雜的國際局面，並尋求發展和繁榮，這比以前更加複雜，在國際政治上也比以前更具有挑戰性。我認為，這是中國面臨的重大問題之一。

在某種程度上，鄧小平時期提出一個好主意，然後是埋頭苦幹，效果就非常好。現在的問題是，中國如何應對這種情況？

所以，對於中國來說，這將是一個非常具有挑戰性的時期，包括在經濟上，因為全球環境更加困難，這勢必影響中國的發展。在這個更加艱難和複雜的國際環境中，這些問題不會永遠持續下去，但會持續很長時間——冷戰都持續了 40多年……1972 年，毛澤東與尼克松見面後，中美友好關係也持續了 40 多年。當前儘管美國正在衰弱，但在世界上仍然保持着非常重要的地位。

從長遠來看，關鍵問題是，在什麼情況下，兩國可以建立新的關係？我們看到特朗普、拜登並沒有區別，對中國的立場基本相同。縱觀美國政壇，兩個政黨都反對中國。因此，我認為兩國建立任何新的和解，還有很長的路要走。

在這個關鍵時期，中國需要贏得全球的支持和理解，以高超的技巧與世界其他地區打交道。我首先要強調"一帶一路"倡議的重要性，所有參與的國家致力於讓其取得成功。在過去一段時期裏，創造這些新的紐帶和關係，中國一直做得很成功——這也是我討論的出發點，這種成功不僅體現在亞歐大陸，還有非洲和拉丁美洲。

最後一個問題，我想說的是歐洲。現時的中歐關係是有問題的關係——它沒有凍結，而是卡住了。歐洲目前在地緣政治上飄忽不定，在冷戰結束後很長一段時間，歐洲非常緩慢且不均衡地遠離美國。受俄烏衝突的影響，歐洲現在再次感受到大西洋聯盟以及與美國關係的吸引力，比 20 世紀 90 年代以來的任何時期都要強烈。這不會輕易改變。但對於中國來說，在與美國的關係變得困難的情況下，歐洲非常重要。中國需要找到與歐洲建立建設性和創造性關係的方法。

我最後的想法是，當今世界有一種退卻的特點——退到舊時代，退到過去。中國被一些西方勢力用冷戰標籤化，他們用冷戰的術語這樣說中國："中國和蘇聯有什麼區別？中國共產黨與蘇聯共產黨是一樣的。"這完全是胡說八道。

當那些西方勢力這樣做的時候，世界，包括中國，很難不受影響，不得不對此作出應對。在這種情況下，我們絕不應忽視創造力的重要性、想像力的重要性，尋找新方法，做一些令人驚歎的事情。不一定要堅持你以前做過的事情，而要去連接人們，找到一種新的做事方法，讓他們驚歎。經濟、政治和知識危機不斷加劇，使人們很害怕，也使他們的思想更開放，因為舊秩序正在瓦解，他們正在尋求新的解決方案。

這個時期的中國，當務之急是要有創造力和想像力。我們已經看到，中國自 1978 年以來的發展實際上就具有這樣的特點，當然，自 2012 年以來，隨着 "一帶一路" 倡議的推進，也出現了許多創新的想法。

2019 年 8 月，國務院正式批准設立中國（黑龍江）自由貿易試驗區。這是黑龍江自由貿易試驗區綏芬河片區的局部

2016 年 8 月 12 日，中國 "探索一號" 科考船成功首航

上圖：2018 年 2 月 22 日拍攝的約旦阿塔拉特油頁岩電站項目現場
下圖：2021 年 7 月 3 日拍攝的約旦阿塔拉特油頁岩電站項目外景

上圖：2015 年 3 月 19 日，在肯尼亞沃伊郡蒙內鐵路第二標段，施工車輛進行路基鋪墊作業
下圖：2021 年 11 月 17 日，由蒙巴薩始發的蒙內鐵路客運列車駛入內羅畢站

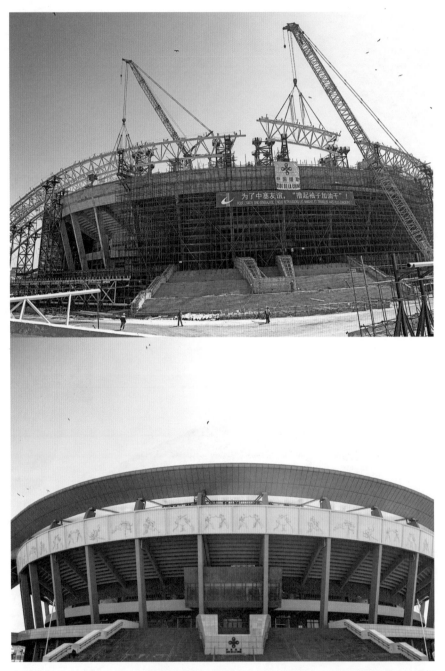

上圖：2019 年 3 月 12 日在埃及開羅附近拍攝的埃及新行政首都中央商務區標誌塔建設項目現場

下圖：2021 年 6 月 17 日在埃及開羅附近拍攝的埃及新行政首都中央商務區標誌塔（中）

上圖：2017 年 12 月 6 日拍攝的老撾首都萬象北部由中國中鐵二局承建的中老鐵路部分路段
下圖：2021 年 4 月 17 日拍攝的老撾首都萬象北部由中國中鐵二局承建的中老鐵路部分路段

金磚國家裏的中國

吉姆 · 奧尼爾（Jim O'Neill）
英國財政部前商務大臣、"金磚之父"

我首創金磚國家（BRIC）這一縮略詞的第 20 年，非常巧合的是，也是中國共產黨成立 100 周年。

在我首次想到這一概念的 20 年後，中國已經在金磚國家中佔據主導地位，這真是令人矚目。如今，中國的國內生產總值約 15 萬億美元，實際上是所有其他金磚國家總和的兩倍。

金磚國家概念所提出的每個國家都可以發揮自己的潛力。回顧過去 20 年，在四個主要金磚國家 —— 中國、巴西、俄羅斯和印度之中，中國是唯一一個在整整 20 年中做到的。

即便中國經濟增長放緩，其經濟總量在這個十年末，或下個十年初，仍將至少與美國旗鼓相當。

這真是一個了不起的成就，為全世界所有其他類型的經濟體和社會提供了很多經驗，尤其是在世界正致力於走出令人擔憂的新冠肺炎疫情的過程中。

當我們開始思考後疫情時期的世界，特別是如何在世界範圍進一步減少貧困和不公平現象時，中國有豐富的經驗，中國方案可以幫助其他國家實現這些目標。

中國社會與英國社會非常不同。當英國人試圖理解中國時，我常對他們說，如今，中國可能有超過 9 億人[1]主要居住在城市，他們的年均收入與英國公民相仿。當你弄清楚這一點時，就會明白中國已有英國 5 倍以上的人口，擁有與英國普通人相同的年收入。全世界其他人口眾多的新興國家中，沒有一個接近這一情形。這為印度、非洲大部分地區和 "一帶一路" 沿綫國家就如何嘗試成功實現自我發展方面，提供了很多重要經驗。

很多事情與教育的作用、技術的作用、新科技的創造有

1　據《中華人民共和國 2021 年國民經濟和社會發展統計公報》，我國城鎮常住人口有
　　91425 萬人。

關，但同樣重要的是，在一個國家的全體民眾中推廣使用這些技術的能力。隨着我們走向未來，希望這些事情可以有力地促進中國為世界其他國家樹立榜樣。

當我關注經濟周期時，尤其是 2020 年和 2021 年的經濟發展時，中國確實是 G20 成員國中為數不多的、我們確信在 2021 年底不會發生新危機的國家之一。屆時其國內生產總值會超過 2019 年年底的數字。

在中國以最快的速度，成功地應對這一挑戰的過程中，也沒有像 2008 年時那樣，採取大規模的財政政策。這本身就是一個相當了不起的成就。

當有人考慮到更長期的後果、考慮到我們的社會擺脫新冠肺炎疫情所要付出的成本時，中國在政府財政狀況方面可能比很多其他西方經濟體要好得多。明白這一切如何發生，才是真正重要的。

我有幸於 2015 年在海南參加了非常重要的博鰲亞洲論壇，這是我第一次前往那座美麗的島嶼。那是一次很棒的經歷。

在那次論壇上，習近平主席闡述了激動人心的“一帶一路”倡議發展理念。我希望隨着我們擺脫新冠肺炎疫情，試圖邁進一個更加團結的世界，協調政策制定時，中國將發展進步的方式更好地分享給其他國家。

“一帶一路”倡議變得廣為人知，在於其使中國及其他很多國家獲益，無論這些國家在地理位置上是近還是遠。如果我們做得正確，在全球貿易方面，形成各方共贏局面帶來的好處將是驚人的。

我期待將來的某一天，能夠再次到香港和中國內地旅行。

〔根據作者在 2021 年 6 月 16 日百年大黨國際學術研討會（香港）發言整理〕

2015 年 3 月 28 日，中國國家主席習近平在海南博鰲與出席博鰲亞洲論壇
2015 年年會的港澳特首、港澳代表合影

2022 年 3 月 25 日，中核集團"華龍一號"示範工程全面建成投運

山西省太原市，工人在中國寶武太鋼不鏽鋼精密帶鋼有限公司生產車間展示"手撕鋼"

中國科學家構建量子計算原型機"九章"，比世界第一超級計算機快一百萬億倍

中國共產黨
改變了中國

羅思義（John Ross）
英國倫敦經濟與商業政策署前署長、中國人民大學高級研究員

我不知道有多少人去過中國共產黨在上海成立時用過的那些房間。我去過，備受鼓舞！因為你會看到，中國共產黨在成立時人非常少。然而在 28 年後，這些人領導的政黨就締造了一個新的國家。而且又過了 70 年後，中國已經從世界上最貧困的國家之一，走到了距離國際標準的高收入經濟體僅一步之遙的地方。能在如此短的時間內，將一小部分人的主張轉化為如此龐大的現實力量，並在世界範圍內產生如此大的影響，這樣的例子在歷史上非常罕見。

　　顯然，在如何看待中國共產黨這個問題上，中國人基本是從國家角度出發的。這當然沒錯，因為中國共產黨對全國人民做出過實現中華民族偉大復興的承諾。

　　所以我不會忽視這個角度。但我認為，同時做一些國際比較也是有用的，因為能對中國共產黨到底取得了怎樣的成就有更多的瞭解，這種國際比較也有助於從國家角度思考一些問題。

　　我們永遠不應該忘記，從第一次鴉片戰爭到中華人民共和國成立的這段時間，中國人民承受了不同尋常的苦難。

　　簡單地說，中華人民共和國成立以來所取得的社會和經濟成就——當然是在中國共產黨領導下取得的——是整個人類歷史上任何一個國家中最大的，提升了人類歷史上人口數量最多、佔世界人口比例最大的國家的地位。

　　上述情況不需要華麗的辭藻說明，我來舉一些證據。

　　新中國成立前，外國軍隊已經在中國橫行了一個世紀。我最近做了一個年度回顧及展望的項目，其中提到中國的年輕一代經常意識不到他們有多幸運。因為對於他們的祖父輩來說，外國侵略和外國威脅不僅僅是一種說法，或只是一種潛在可能。事實是，外國軍隊踐踏了中國大地長達 100 年。

而這一切，早已止息。我非常高興地看到，中國的年輕一代其實是明白這個巨大成就的意義的，因為當我說到這一切已經畫上句號時，得到的掌聲是最多的。看來年輕人確實明白中國共產黨帶領人民取得了多麼巨大的成就。

接下來，看看在國際範圍的比較情況。1949 年，中國幾乎是世界上最貧困的國家之一。國際頂尖的經濟領域專家安格斯·麥迪森（Angus Maddison）的研究發現，就人均國內生產總值來說，1949 年全世界只有 10 個國家比中國貧困。2021 年 7 月 1 日，在慶祝中國共產黨成立 100 周年大會上，習近平總書記莊嚴宣告："經過全黨全國各族人民持續奮鬥，我們實現了第一個百年奮鬥目標，在中華大地上全面建成了小康社會，歷史性地解決了絕對貧困問題，正在意氣風發向着全面建成社會主義現代化強國的第二個百年奮鬥目標邁進。"從國際比較角度來看可能更簡單，採用世界銀行對高收入經濟體的定義，中國將在不久的未來成為高收入經濟體。

這對全人類意味着什麼？當今全世界只有 16% 的人口生活在高收入經濟體中，但中國人口就近乎佔世界人口的 18%。如果中國成為高收入經濟體，就意味着世界上生活在高收入經濟體的人數將增加一倍以上。這不僅僅是人均國內生產總值的抽象問題。我們知道，經濟發展決定了預期壽命，決定了教育可獲得性，決定了健康可獲得性，決定了文化可獲得性等。

中國從幾乎是世界上最貧困的國家之一，到全面實現小康僅用了 70 年，歷史上還沒有任何一個其他國家能做到這一點。

還可以做一些國際比較。第一個經歷快速經濟發展的國家是我自己的國家：英國工業革命時，英國人口佔世界人口的 2% 多一點。下一個經歷快速經濟增長的大國，是內戰後的美國。那時的美國人口佔世界人口的 3% 多一點。接下來，迄今為止取得過最快和最大規模經濟發展的例子，是 1929 年之後的蘇聯，約佔世界人口的 8%。

但中國 1978 年開始經濟快速增長時，其人口佔世界人口的 22%，幾乎是其他任何經歷過快速經濟增長國家的 3 倍。這簡直是人類歷史上無與倫比的成就。

那麼從中國人的角度來看，這意味着什麼呢？經濟學家知道，評估社會和經濟狀況的最佳整體指標是平均預期壽命。原因是平均預期壽命增長就意味着擺脫貧困，實現了更好的消費，更好的教育，更好的醫療，更好的環境條件。2022 年，中國人均預期壽命已經達到 77.93 歲。即使在 1978 年改革開放之前，中國也已經在經歷着人類歷史上可能是最大的社會發展奇跡。

人們有時想問，為什麼毛澤東在中國會有這麼大的權威？拋開他領導中國共產黨、帶領中國人民建立了新中國，實現民族獨立不談，僅 1949 年到 1976 年，中國的人均預期壽命就增長了 31 歲。這是巨大的人類奇跡。

因此我認為，1949 年後中國經濟發展分為兩個階段，第一個階段是從 1949 年中華人民共和國成立到 1978 年的改革開放，第二個階段是從 1978 年到現在。這兩個階段從很多角度來看都是不同的，在方法上不同，在政策上不同，中國共產黨展現出了很強的適應能力。

第一個階段，我會將其形容為一個社會奇跡。平均經濟增長按照大多數正常標準來看，是令人滿意的，雖然並不是超高。然而中國在人民健康、教育、預期壽命方面的進步，是人類歷史上最大的。

然後，1978 年中國開始了整個人類歷史上，任何其他國家都沒有過的最快速的經濟增長，從 1978 年到現在，中國的平均增速超過 9%。人類歷史上沒有任何一個國家，在如此長的時間內，一直取得如此快速的經濟發展。這不僅僅是人均國內生產總值的抽象收益，不僅僅是混凝土和鋼鐵。事實上，自 1978 年以來，中國家庭平均消費增長超過了 1800%。同期，僅次於中國的下一個世界大國的家庭平均消費增長率約為 900%。這意味着在那段時間裏，中國人的平均消費、平均家庭需求、人均需求滿足都得到了巨大增長。中國在 2021 年非常自豪地宣佈，中國完成了消除絕對貧困的艱巨任務。

　　再次進行一下國際比較是有必要的。自中共十八大以來，中國平均每年有 1,000 多萬人脫貧，相當於一個中等國家的人口脫貧。按照世界銀行國際貧困標準，中國減貧人口佔同期全球減貧人口 70% 以上，提前十年完成《聯合國 2030 年可持續發展議程》減貧目標。僅憑這一事實就能證明，中國已作出了在真正意義上的人權發展方面的最大貢獻。這是中國共產黨和中國人民團結奮鬥贏得的歷史性勝利，是彪炳中華民族發展史冊的歷史性勝利，也是對世界具有深遠影響的歷史性勝利。

　　最後我想指出的是，有些人聲稱擁有一些數據，證明中國經濟和社會發展狀況非常糟糕，這其實是不合邏輯的。我們可以判斷一下，例如，預期壽命是一個國家整體社會狀況的最敏感指標，人均國內生產總值是其中最大的一個貢獻因素。據統計，73% 的預期壽命可以從人均國內生產總值推算出來，但仍有 27% 與人均國內生產總值無關，這部分主要來自環境狀況、健康狀況、教育狀況以及其他因素的影響。

因此，如果要從人均國內生產總值去預估一個國家的預期壽命，你會發現，有些國家的人口預期壽命低於按其人均國內生產總值的預估值，有些國家的則高於按人均國內生產總值水平的預估值。這說明，一個國家的整體社會狀況要麼比經濟發展好一些，要麼比經濟發展差一些。例如，在美國，人的壽命比按人均國內生產總值預期的要少兩年。這反映了美國各種社會條件的負面影響。

在中國，人的壽命比按人均國內生產總值水平預期的要長近三年。所以，這表明，中國的環境條件、教育條件、社會條件甚至比其經濟條件更好一些。

說到以上這些並不是想要假裝沒有問題存在。中國的成就如此巨大，沒有必要美化、誇大。當然，中國仍然需要克服由其非常快速的經濟發展所造成的一些問題。如果我們回到 5 年前，那時我住在北京，那裏空氣污染問題很嚴重。如今已經好了很多。中國正在從氣候變化的角度制定自己的政策。

是什麼造就了這一切？有一個簡單的解釋——當然是在中國共產黨的領導下實現的，所有這些統計數據，都表明中國共產黨兌現了對中國人民的承諾。中國共產黨沒有讓中國人民失望，實現了整個人類歷史上人口數量最多、人口佔比最大的國家的進步。

〔根據作者在 2021 年 6 月 16 日百年大黨國際學術研討會（香港）發言整理〕

"鋼鐵動脈"聯通世界,"軌道上的福建"駛上"快車道"

中國自主研製的運－20大型運輸機首次試飛成功。2016年7月6日,運－20正式列裝空軍航空兵部隊

中共十八大以來，中國扎實推進生態文明建設，努力建設人與自然和諧共生的美麗中國

內蒙古：十年大變化，打造中國北疆更亮麗風景綫

中國共產黨改變了中國

中國共產黨的
四個重要特點

鄭永年（Zheng Yongnian）
香港中文大學（深圳）校長講座教授、全球與當代中國高等
研究院首任院長，新加坡國立大學東亞研究所前所長

今天，我想從學術角度談談中國共產黨。

我個人多年來一直從事對中國共產黨的研究。我認為中國共產黨有以下幾個非常重要的特點。

一、中國共產黨是一個使命型政黨。習近平總書記在黨的十九大報告中指出，中國共產黨人的初心和使命，就是為中國人民謀幸福，為中華民族謀復興。初心和使命貫通中國共產黨人的歷史、現實和未來。在毛澤東時代，中國共產黨的歷史使命是建立一個新中國。在鄧小平時代，中國共產黨的歷史使命是發展中國經濟。鄧小平說貧窮不是社會主義，所以那個時代的中國共產黨非常注重經濟發展。

習近平總書記在黨的十九大報告中明確堅持和發展中國特色社會主義，總任務是實現社會主義現代化和中華民族偉大復興，在全面建成小康社會的基礎上，分兩步走在本世紀中葉建成富強民主文明和諧美麗的社會主義現代化強國。並且，中國共產黨也有辦法來執行其使命，比如長期計劃。我沒有看到其他政黨有五年計劃、十年計劃，但中國共產黨有。甚至在幾年前，中國共產黨就有一個到 2050 年的計劃。中國共產黨把發展分為三個階段：到 2020 年、到 2035 年、到 2050 年。當然，這也與中國的現代化相關。如果你有興趣，可以看看細節，很有意思。

二、中國共產黨是一個開放型的政黨。美國總是說：你們只有一個執政黨，是一黨專政。但獨裁指的是不與他人分享權力，不能把只有一個執政黨等同於一黨專政。中國共產黨的開放至少涵蓋以下兩個層面。

首先，中國共產黨不斷吸納社會各界英才。中國共產黨傳承中國自古以來人才治國的政治理念，十分注重吸納人才。中國共產黨是一個人民的黨、群眾的黨，凡是符合入黨條件的人，都可以自由申請加入中國共產黨。我們可以看到，中國共產黨的黨員幹部都是來自社會各個領域，這與美國、歐洲和日本的家族政治有根本不同。中國共產黨是向全社會開放的。

其次，中國共產黨在國家快速發展的同時，兼顧社會經濟各方面的利益。歷史經驗表明，一個只代表部分人利益的政黨是不可持續的，但一個能夠代表各種社會利益的政黨是可以持續的。一個封閉的政黨是不可持續的，但一個開放的政黨是可以持續的。我把西方的政黨制度稱為"外部多元制度"。如果你有政治利益或經濟利益訴求，你就可以加入一個或多個黨，甚至組織自己的政黨。譬如在美國，你可以加入共和黨或者民主黨，如果你兩者都不喜歡，理論上還可以組建自己的政黨，當然在現實中美國沒有第三個政黨存在的空間。

但中國不是這樣。中國的制度是"內部多元制度"。在中國，中國共產黨是唯一的、長期執政的政黨。中國有人大、政協系統以及社會組織的系統，為各個社會群體利益表達提供了平台。通過不同的政治參與平台，各群體的利益訴求都可以進入一個政治過程之中，通過政治協商來調節與平衡。通過這套開放的政治體系，中國共產黨能夠有效統合不同的政治經濟社會利益。中國共產黨是非常開放的。

三、中國共產黨是一個非常注重政治參與的政黨。我認為，政治參與是民主最重要的組成部分。在西方，人們對民主的理解只有一個：你可以投票。但我認為，在中國，政治參與可以有各種不同的形式，而最重要的政治參與是政策的參與。

一些西方人總是說中國是獨裁國家。如果中國是獨裁國家，那麼在中國一切都會是由最高領導人決定的。但如果你研究一下事實，中國所有重要的政策都是可以辯論的，不僅是黨員之間的政治辯論，也包括社會團體和學者之間的辯論。2021年，中國頒佈了民法典，這是一部非常重要的法律。這部民法典（討論）多少年了？我記得應該是經過七八年的充分辯論。中國最重要的政策都必須經過許多個月的辯論和討論。

中國共產黨在決策過程中，必須有各種不同的關切和考慮，這是非常重要的。如果你把中國的決策過程和美國的比較，你會發現美國的體制更加集中。例如，美國剛剛通過了針對中國的《2021年美國創新與競爭法》。如此重要的法律出台只花了幾個月的時間。那些國會議員都說：贊成，贊成。我不認為美國人民在這部法律上有什麼發言權。在這部法律中，有發言權的是美國的商業集團。所以我們必須研究中國的現實。如果你仔細研究決策政策的細節，事實是美國的體制比中國的體制更加集中。

四、我認為，中國共產黨是一個有強烈的自我改革、自我革命意願的政黨。在西方，黨的目的是作為一個政黨去改革另一個政黨，但不是改革自身。在中國，自我改革一直不是口號，一直是慣常的做法。

如果我們不能改造自己，那就會被別人改造；如果你被別人改造，那就會有革命。從毛澤東時代開始，中國共產黨每一屆領導都會推動黨的自我革命，例如加強黨的紀律，反對腐敗。特別是黨的十八大以來，中國共產黨發起了一場持續至今的反腐倡廉鬥爭。目的是什麼？是建立一個廉潔的政府。對所有政府來說，廉潔都非常重要，而不僅僅是在中國。在許多民主國家，許多民主政體裏面，直到今天，腐敗仍然很嚴重。所以,我認為,黨要搞自我革命並不容易。我觀察過這麼多政黨,大多數政黨都很自私,他們只想改造別人,不想改造自己。但中國共產黨恰恰相反。他是唯一的執政黨,所以他必須改造自己。

無論從哪個角度看,我認為中國共產黨都是成功的,但我們對中國共產黨的研究還不夠,所以我希望我們的學術界能花更多時間來研究中國共產黨。中國共產黨十九大提出了一個新想法、新概念,那就是:中國方案。中國提出這個“中國方案”的概念是非常認真的。中國並不是反西方的,中國不會向世界輸出自己的模式,但中國可以提供西方模式以外的選擇。其他國家可以學習中國的經驗來實現發展和獨立。中國共產黨在這方面有豐富的經驗。這些經驗不僅有益於中國的未來,也有益於許多發展中國家的未來。所以,我認為,中國共產黨不僅對中國很重要,而且對整個世界都很重要。

〔根據作者在 2021 年 6 月 16 日百年大黨國際學術研討會(香港)發言整理〕

北京大興國際機場

浙江舟山：海上絲綢之路貨運忙

攜手呵護母親河：黃河流域省際橫向生態補償的新實踐

中國共產黨的四個重要特點

中國智慧推動加強
和平多邊的國際秩序

帕斯夸里・帕斯奎諾（Pasquale Pasquino）
法國國家科學研究中心高等研究員、美國紐約大學政治學系教授

過去十年，中國的經濟科技持續非凡發展

　　過去十年，中華人民共和國持續獲得非凡的經濟和科技發展，這也是中國在過去 30 多年來發展進步的顯著特徵。相關數據清晰且令人印象深刻。以下是一組來自世界銀行的關於中國的數據[1]（見表）。

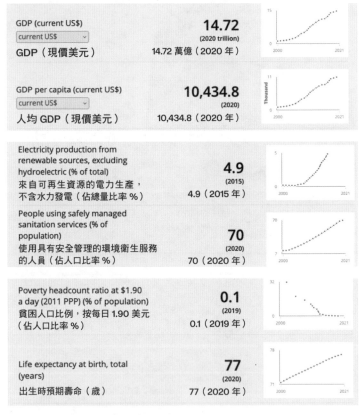

一組來自世界銀行的關於中國的數據

1　該組圖片由作者提供。

部分國家超級計算機台數：

國家	數量	系統 份額（%）	最大差距 （GFlops）	峰值 （GFlops）	核心
中國	173	34.6	530,072,392	1,158,770,698	29,413,676
美國	149	29.8	986,467,180	1,466,457,748	20,082,824
日本	32	6.4	628,248,000	827,932,163	12,077,388
德國	26	5.2	181,424,390	281,301,424	3,562,604
法國	19	3.8	117,033,070	173,349,570	3,510,552

（GFlops 意指每秒十億次的浮點運算數）

這一空前的發展進步，正是中國共產黨領導中國人民不懈奮鬥取得的成果。

過去兩年，受新冠肺炎疫情影響，像世界上其他國家一樣，中國也受到了很大的壓力。即便如此，盡快跨越這一阻礙也同樣可期。

今後十年，中國和歐盟將繼續為共同福祉及進步扮演重要角色

過去十年，中國政府一直主張全球化，推動全球更大範圍內的經濟一體化，同時也主張踐行真正的多邊主義。

開放且多元的國際關係格局，將拒絕大國之間的衝突——這種衝突是過去一個世紀的國際關係特徵，特別是對歐洲和亞洲造成了災難性的後果。國際貿易的崩潰，以及西方國家與世界上其他國家之間重新出現割裂，對中國及其國際夥伴，特別是歐洲國家，都沒有益處。

今天的問題是，以包容與合作的精神，讓秩序得以恢復，並實現國際間的和平共處。中國與西方不同，從來沒有表示過有意輸出自己的政治模式。中國在國際市場以經濟的及和平的方式與其他國家競爭，因而不可被排除在競爭之外。中國能夠以古老的智慧與溫和的特性發揮重要作用。要特別指出的是，中國可以為歐盟國家之間貿易關係的穩定和發展做出巨大貢獻，如前所述，與歐盟國家之間的貿易極其重要。

　　中國和歐盟，對於像"二戰"後資本主義國家與蘇聯之間存在的那種西方與世界其他國家的對立，毫無興趣。

　　世界在數十年前分為兩大陣營，而今正在尋求一種新的平衡。中國也正在向全球領先的經濟大國邁進。為促進發展，中國積極加強和平多邊的國際秩序，特別是增強與歐盟的關係和交流。在過去的十年中，這些關係和互動使合作雙方互惠互利。中國和歐盟將在今後十年繼續為促進共同福祉與進步，反對戰爭、混亂和暴力發揮重要作用。

全國積極推進綜合交通基礎設施建設，多條高速鐵路相繼建成通車。圖為中歐班列（廈門）開通第 1,000 列

2022 年 9 月 16 日，國家主席習近平在撒馬爾罕國際會議中心出席上海合作組織成員國元首理事會第二十二次會議並發表重要講話。這是大範圍會談前，與會各方集體合影

中國智慧推動加強和平多邊的國際秩序

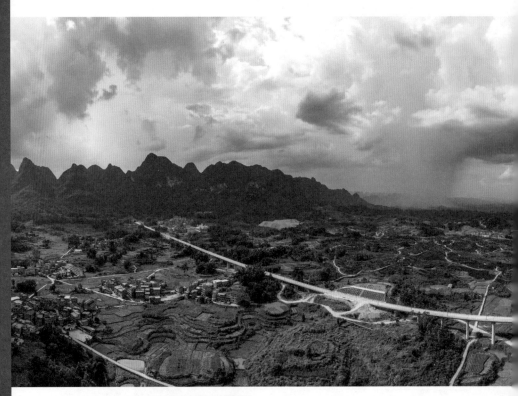

2022 年 8 月 17 日，貴南高鐵隧道全綫貫通

中國處理國際關係的能力正對人類歷史產生長期的積極影響

鄭赤琰（Chang Chak-yan）
馬來西亞大馬新聞資訊學院院長、香港中文大學政治與行政
學系前系主任

中國注重建立一個平台，以促進所有貿易夥伴之間的公正和平等

習近平推動中國在國際關係上取得了進步，加強了海外經濟聯繫。在他的領導下，中國專注於建立一個平台，以促進所有貿易夥伴之間的公正和平等。2012 年，黨的十八屆一中全會習近平當選為中共中央總書記，提出了中國參與國際事務的一些重大政策，在習近平擔任領導人的這十年裏，中國已派出大批技術人員、工程師和科學家到國外參與項目，與貿易夥伴攜手創造財富。

首先，成功啟動"一帶一路"沿綫國家基礎設施建設，覆蓋東南亞、中東、非洲、中亞、歐洲東南部、拉丁美洲等。為了有針對性地為這些基礎建設提供財政援助，一間名稱為"亞洲基礎設施投資銀行"的銀行由超過 50 個國家發起並合作成立。

其次，邀請"一帶一路"沿綫國家加入，共同加強"東盟 10+1"區域經濟組織、上海合作組織，以及涉及 50 多個非洲國家的非洲聯盟等。中國在這些國家之間扮演着促進和平的重要角色。2015 年，俄羅斯和中國簽署了建設 770 公里高鐵的協議，作為兩個大國之間的重大聯合開發項目。最後同樣重要的是，中國將"一帶一路"延伸至拉丁美洲——巴西、阿根廷、哥倫比亞和墨西哥。這些努力給這些國家帶來了技術轉讓、增加了就業率和提高了國內生產總值。

最後，中國發起並組建了"金磚國家"——以中國、印度、俄羅斯、南非和巴西為參與國，以促進協調相關國家之間的經濟合作。該組織是對以西方大國為主導的 G7、G20 等主要國際組織的必要制衡。

中國參與國際事務的成功之道

　　清朝時期，國際貿易由西方列強通過建立全球殖民和資本主義體系主導，國家被標記為發達或欠發達。發達國家在處理交易方面享有優越的地位……但對於欠發達國家而言，在科技、金融、交通、教育、貿易和軍事實力方面處於劣勢，很難與發達國家競爭，導致欠發達國家被剝削而停滯不前。

　　19 世紀中葉，清政府在多次戰爭中戰敗，不得不簽訂不平等條約，向侵略者支付金銀，將領土割讓給外國侵略者，在西方列強的威逼下，被迫開放港口進行通商。

　　習近平的父親是中國共產黨和政府中非常受尊敬的領導人之一。當習近平成為中國共產黨總書記和中國國家主席後，認為處理好國際關係對於中國未來的繁榮非常重要。在習近平領導下，中國推動建立公正、平等、雙贏的經貿和政治關係，這十年來有以下突出的幾點。

　　一是爭取雙贏的國際經濟關係。習近平提出了"一帶一路"倡議，邀請有意願的國家加入以實現互惠互利，重點建設港口、高鐵、高速公路、道路等基礎設施。例如，中巴鐵路項目連接中國新疆和巴基斯坦的一個港口。迄今為止，該項目為巴基斯坦創造了數以萬計的就業機會，並為兩國創造了許多商機。中國提供急需的貸款和工程技術，而巴基斯坦在港口附近提供土地和負擔得起的勞動力。這是一個公正、平等、雙贏的商業合作的範例。中國和東盟國家以及日本、新西蘭、澳大利亞之間也實施了一項名為區域全面經濟夥伴關係協定（RCEP）的貿易計劃。這意味着創造了 21 億人口的共同市場。在這十年間，類似的項目在南亞、中東、非洲、拉丁美洲和歐洲的一些國家和地區複製。儘管遭到美國、日本和一些西方國家的抵制，這些國家抨擊中國以貿易協議和"一帶一路"倡議殖民欠發達國家，但"一帶一路"倡議仍被廣泛接受和讚賞。

二是努力在全球經濟中實現可持續增長。全世界已經意識到，在西方大國對全球商業的主導下，對自然資源的過度開採遲早會導致商業終結，石油就是一個例子。中國建議開發人力資源，提高有限的自然資源的利用率或尋找替代方法。中國認為人力資源的潛力是無限的，人們只需找到利用人力資源的方法。效仿中國的案例，要幫助一個國家發展，就必須培育其核心領域的人力資源發展，然後向全國其他地區推廣其成功經驗。

成功的案例不勝枚舉。剛果通過建立一條高速公路，直接抵達東非沿海地區，促進了貨物出口和人口流動。這使得國家財富有所增加。內陸的埃塞俄比亞也經歷了同樣的情況，修建一條鐵路，直接抵達肯尼亞的港口。另一個有據可查的案例是在希臘，在"一帶一路"框架下建設一個港口，這項聯合計劃將希臘從金融危機中解救出來。"一帶一路"項目一直在幫助各國挖掘人力資源，最大限度發揮競爭優勢，進而帶來財富和穩定。

三是強調經濟發展是當務之急。自習近平領導中國以來，中國的外交政策與美國形成鮮明對比。前者擁抱世界，而後者則相反。中國在走向世界的道路上採取了經濟合作等更務實的做法。例如，前述"區域全面經濟夥伴關係協定"（RCEP）更多關注經濟合作，對包括美國在內的任何國家開放。然而，相比之下，美國一直捲入與俄羅斯、伊朗等"敵人"的政治鬥爭。為了粉碎"敵人"，美國與日本、澳大利亞、加拿大、英國，以及歐盟合作。由於美國採取這種對抗方式，世界變得分裂。美國拒絕加入"區域全面經濟夥伴關係協定"（RCEP），而是提出一項名為跨太平洋夥伴關係（TPP）的計劃，該計劃專門將中國排除在外。這種分化區域經濟組織的企圖，破壞了該組織作為一個純粹經濟實體的共識、以政治中立為基礎的共存，以及同意不結成任何軍事聯盟的基本價值觀。2016 年，美國宣佈擱置該計劃，2017 年美國退出跨太平洋夥伴關係（TPP）。

同樣，當俄羅斯和烏克蘭之間的衝突在 2 月爆發時，美國及其政治聯盟不失時機對俄羅斯進行譴責和制裁。任何不支持美國呼籲全面制裁俄羅斯的國家，都將被視為對美國不友好。美國試圖推動孤立俄羅斯的運動，導致世界分裂為兩個陣營：親美或反美。

中國對這場衝突的態度完全不同。中國希望各方能夠通過對話協商妥善解決分歧，也願意繼續為推動局勢緩和發揮建設性作用。中國的態度得到了聯合國多數成員國的認同。正如新加坡總理李顯龍公開表示的那樣，美國不要再為制裁俄羅斯如此努力，特別是不要在中國和東盟國家來推動制裁。

中國推動建立雙贏的、合作的、全球性和平關係的嘗試是可行的

由於採取了務實的做法，習近平領導下的中國贏得了世界上大多數國家的友誼。以"一帶一路"倡議為例，包括中亞、南亞、東南亞和歐洲部分國家和地區，都與"一帶一路"基礎設施項目有緊密聯繫。從全球視野看，中東地區、南歐

和東歐地區、非洲大陸和南美洲與中國"一帶一路"基礎設施項目也有這樣或那樣的聯繫。在習近平的領導下，中國的這一倡議推動了全球範圍內的合作，將對人類歷史產生長期的積極影響。

這一成功遭到美國和日本等國家的質疑，他們製造負面評論和指責，抹黑"一帶一路"項目。"一帶一路"項目被描述為債務陷阱，這些項目不可行，是殖民主義的復興，是一種剝削形式，這些項目正在破壞當地環境等等。所有這些被社交媒體誇大其詞的負面評論和指責，目的是激發受眾的情緒，而並非列舉事實。加入"一帶一路"的國家確切知道發生了什麼，以及他們從中受益了多少。到目前為止，他們中沒有一個退出"一帶一路"合作的。這證明了中國推動建立雙贏、合作、全球和平的關係的嘗試是可行的。這是有史以來第一次，世界可以如此大規模地享受繁榮和進步。

2014 年 12 月 18 日，我國第一座鈉冷快中子反應堆——中國實驗快堆首次實現滿功率穩定運行 72 小時，標誌著中國全面掌握快堆這一第四代核電技術的設計、建造、調試運行等核心技術

2015 年 12 月 17 日，中國成功發射暗物質粒子探測衛星 "悟空"

2015 年 12 月 25 日，亞洲基礎設施投資銀行正式成立

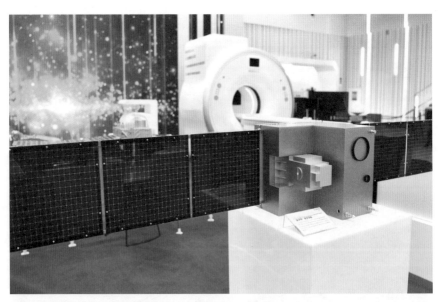

2016 年 8 月 16 日，中國成功發射世界首顆量子科學實驗衛星 "墨子號"。這是安徽創新館拍攝的 "墨子號" 量子衛星模型

2022 年 6 月 29 日，為慶祝《上海合作組織憲章》簽署 20 周年和《上海合作組織成員國長期睦鄰友好合作條約》簽署 15 周年，上合組織秘書處同中國國際問題研究院、中國上合組織研究中心聯合舉辦 "上海合作組織、歷史、現狀和前景" 圓桌會議

2022 年 8 月 4 日，"一帶一路" 金融合作論壇在土耳其伊斯坦布爾舉行

中國共產黨的成功秘訣：時刻與人民站在一起

鳩山由紀夫（Yukio Hatoyama）
日本前首相

我們回顧過去的一個世紀，儘管中國不幸受過我國侵略，遇到過很多困難，但中國共產黨和中國人民一起克服困難，在中國共產黨的領導下實現了經濟發展和社會進步。

2020 年 12 月，習近平主席宣佈，中國已實現了新時代脫貧攻堅目標。2012 年，習近平就任總書記以來，僅僅用了 8 年時間，就讓 1 億國民正式脫離貧困，這在世界史上也是絕無僅有的。我對中國共產黨發揮的這一歷史性的作用，表達我最大的敬意！

同時，我相信實現這一成功的秘訣，用一句話來說，就是中國共產黨時刻和中國人民站在一起。改革開放以來，中國的長期經濟發展舉世矚目。第一次世界大戰之後的一百年中，沒有一個國家能夠超越美國的經濟規模，但不遠的將來，中國一定可以做到，這將成為中國共產黨最重要的成果之一。

2020 年以來，新冠肺炎疫情蔓延全球，雖然現在人們已經開始接種疫苗，但仍有多種變種病毒，還看不到疫情結束的曙光。在這樣的情況之下，中國實施了有效的防疫對策，中國國內的疫情已經基本平息，經濟也轉為正增長。中國國家統計局數據顯示，2020 年中國經濟實現了 2.3% 正增長。在全球受疫情影響之下，中國的新冠肺炎疫情得到有效控制，實現經濟正增長，這是偉大的成績，對支撐世界經濟也做出了巨大貢獻。中國在很早的階段就成功開發出新冠肺炎疫苗，並提供給全球各國，這不僅挽救了中國國民，也挽救了全球很多人的生命。這些偉大的成果都是因為有中國共產黨的領導。我給予高度評價。

現在全球除新冠肺炎疫情外，還面臨地球環境氣候變暖、貧困等全球性課題，中國共產黨十九大報告中提及，中國特色外交就是構建新型國際關係，構建人類命運共同體。自古以來，崛起國和既成大國之間都難免會關係緊張。目前中國的國內生產總值已達到美國的 70%，有人預測 2028 年中國將超越美國，美中力量不斷接近，國際關係將會持續緊張。

我相信習近平主席倡導的構建人類命運共同體，是實現國際社會穩定的關鍵，這一思想和我倡導的友愛精神有共通之處，我非常有共鳴。兩年前，我曾同其他國家的領導人一起與習近平主席會面，我當時表示，我提倡的友愛精神是孔子在《論語》中提到的"仁"和"恕"，希望中方以友愛精神來推進"一帶一路"倡議。習近平主席當時回答，正如鳩山首相所說，要以"己所不欲，勿施於人"的"恕"的精神推進"一帶一路"。習主席很理解我的友愛精神，並表明將深化同日本各界的緊密交流。我衷心感動並高度評價。

我認為，如何在國際社會塑造一個開放包容的中國形象，如何培養信賴關係，今後非常重要。中國的國力發展到當今階段，中國如何與美國、如何與世界交往將面臨考驗。新冠肺炎疫情發生前，為深化日中地方民間交流，我接受中國各地的邀請訪華，訪問了北京、海南等多個地方，切身感到中國民間、中國的地方城市，日中友好有非常好的發展。雖然國家之間的關係不太理想，但日中之間有這樣牢固的友好基礎，讓我對日中關係的未來很有信心。日中兩國在歷史文化、經濟醫療等方面，都有很深的交流，我們必須實現雙贏，除此之外別無選擇。

在困難的國際局勢下，我們必須讓日中的友好關係更加牢固。中國走正確的道路，中國和世界（也包括日本在內）就可以實現繁榮與穩定。我堅信這一點，也期待這一點。

〔根據作者在 2021 年 6 月 16 日百年大黨國際學術研討會（香港）發言整理〕

在習近平強軍思想指引下的新時代國防和軍隊建設

2016 年 11 月 1 日，中國自主研製的新一代隱身戰鬥機殲－20 首次公開亮相

雄安新區這座承載千年大計、國家大事的"未來之城"正迎著春風拔節生長。
圖為 2022 年 4 月 1 日雄安日出

中國是一個真正致力
於改善人民生活的
國家

伊沃娜‧拉傑瓦茨（Ivona Ladjevac）
塞爾維亞國際政治經濟研究所副所長

我一直關注中國的發展。2011 年我參加了一家國際交流協會安排的旅行團，到中國進行了首次訪問。在兩週時間裏，我們訪問了中國社會科學院及其他地方，參訪的重點是中國人民如何與貧困作鬥爭。因此，很容易瞭解到，在過去的十年裏，他們取得了什麼成就。在這場與貧困的鬥爭中，中國按照計劃採取多項舉措，逐步提高扶貧工作標準，中國數千萬處於貧困綫之下的人口已經擺脫了絕對貧困。這是中國取得的巨大成就。

　　最令人印象深刻的是，中國實現消除絕對貧困的很多事情，幾乎都發生在最近三年給國際社會帶來諸多問題的新冠肺炎疫情期間。面對這片土地和許許多多的人，你可以看到有一個國家真正在致力於改善人民生活。這就是為什麼中國應該成為世界上所有其他國家的榜樣。

　　為什麼中國在過去的十年裏，取得了如此令人滿意的發展？我在寫博士論文時，曾對 20 世紀初以來中國發展歷程有所研究，我認識到中國共產黨的一切為了讓全體中國人民生活得更好的想法和理想是多麼的重要。當我在北京參觀國家博物館時，面對描述中國共產黨創始人第一次見面的那幅宏偉畫作，我真正感受到，那些決定創建中國共產黨的宏大構思的確很偉大。去年的一件大事是慶祝中國共產黨成立 100 周年。百年以來，這個在 20 世紀初尚不發達的國家發生了翻天覆地的變化。不得不說，中國共產黨真的是世界上最成功的政黨。

　　中國的發展是面向未來的。無論是中國共產黨還是中國人民，都在為此努力。他們提出了許多優秀的設想，尤其是習近平主席在 2013 年首次提出的"一帶一路"倡議，這將有助於促進中國與中歐和東歐國家之間的合作。顯而易見，習近平主席正在向前邁進，提出了整個社會發展的目標，進一步充實了為實現這些設想的具體步驟。所有這些設想的目的是進一步發展，不僅僅是中國的發展，也是整個世界的發展。當今世界的一個基本問題是缺少足夠的合作，缺少尋求多邊主義的迫切意願。中國正在積極推動合作，倡導真正的多邊主義，這將有助於創造一個更加美好的未來。世界上沒有人是孤獨的，合作非常重要。

（根據紫荊雜誌社記者採訪整理）

2022 年 8 月 30 日，第三條進出新疆的高速公路通車

中國是一個真正致力於改善人民生活的國家

持續推進棚戶區改造，不斷改善群眾住房條件。這是石家莊市高新技術產業開發區棚戶區改造新建小西帳東苑小區

四川：交通建設助力破解“蜀道難”

貴陽：十里河灘醉遊人

實現可持續發展
跨越 "中等收入陷阱"

弗拉基米爾·彼得羅夫斯基（Vladimir Ye. Petrovskiy）
俄羅斯科學院遠東研究所首席學術研究員

中國是否會落入 "中等收入陷阱"

近年來，專家們一直在討論中國是否會落入 "中等收入陷阱"，即一個國家在達到中等收入水平後，經濟增長放緩並最終停滯不前。與毗鄰的日本和韓國，以及一些拉美國家相比，中國晚了 30 至 40 年才步入中等收入水平國家的行列，但自 2010 年起，"中等收入陷阱" 的威脅在中國變得日漸明顯。

正如當時一些媒體評論所指出的，導致中國落入 "中等收入陷阱" 的因素可能是達到了城鎮化和工業化的極限，缺乏技能，以及自然環境承載力阻礙了生產力的大幅提高。落入 "中等收入陷阱" 的國家都有以下特點：貧富差距大、收入差距大、人力資本積累緩慢、增長模式轉型不成功、金融系統脆弱、勞動力流動困難。

關於中國落入 "中等收入陷阱" 的論點最初頗具爭議。例如，耶魯大學傑克遜全球事務研究所資深研究員、耶魯管理學院資深講師史蒂芬·羅奇（Steven Roach）認為，中國已落入 "中等收入陷阱"。他特別指出，在充滿活力的全球經濟中，16,000—17,000 美元的既定陷阱門檻毫無意義。全球經濟自 2012 年已增長約 25%，不斷變化的中等收入門檻很可能在這段期間已經上升了相當的數額。

此外，經濟放緩並非每次都一樣。一個國家的國內生產總值是由眾多不同行業、業務和產品的有關活動廣泛聚合而來。從一個產業到另一個產業的結構性轉變可能中斷增長——但這種中斷可能只是重新平衡經濟時所刻意採用的策略所造成。

然而，"中等收入陷阱" 在中國仍被視為一項潛在威脅，需要採取行動加以消除。隨之而來的議論眾說紛紜,更有"別具一格"的版本。例如,一些印度專家,如夏克爾·賈(Prem Shankar Jha)等,參考布魯諾·瑪薩艾斯(Bruno Macaes)的著作《一帶一路:中國式世界秩序》(*Belt and Road: A Chinese World Order*)表示,廣為人知的"一帶一路"倡議正是在中國設法避免落入"中等收入陷阱"時提出的,因為中國需要維持和擴展自 20 世紀 90 年代以來建立的貿易關系結構。這一貿易關係是中國現今內部穩定和繁榮的基礎。

瑪薩艾斯在他的分析中提出,中國只有在 2009 年到 2013 年期間,工資增長率以每年 12% 的速度上漲時,才會完全察覺到"中等收入陷阱"。這促使中國嘗試加大力度提升支撐"一帶一路"倡議的產業鏈。

同時,上述專家亦表示,中國並沒有突然落入"中等收入陷阱",也沒有對此感到意外。早在 2002 年,中國和東盟就簽訂了全面經濟合作框架協議,隨後又簽署了自由貿易協議。

從 2020 年第一季度的貿易數據可以判斷,由於東盟成為中國而不是美國或歐盟的最大貿易夥伴,這個策略很大程度上有助中國免於落入"中等收入陷阱"。中國與東盟的整體貿易增長 6%,與越南和印尼的貿易增長更是分別達到 24% 和 13%。由此可知,中國從東盟進口的既有使用廉價勞動力的商品,也有使用尖端技術的商品。

加快發展創新和高科技有助於避免落入"中等收入陷阱"

中國也清楚認識到,加快發展創新和高科技有助於避免"中等收入陷阱"。2015 年,中國政府制定了《中國製造2025》產業發展戰略,優先發展高技術領域的高附加值產業,包括增加航空航天、電訊、能源生產和製造業的零部件及組件生產。根據此項戰略,到 2020 年,這些行業 40% 的核心基礎零部件、關鍵基礎材料實現自主保障,到 2025 年,這一比例將提高至 70%。

在《中國製造 2025》的基礎上,中國正在推進中國創造,其重心並非工業和高科技產業的實作潛力,而是開發和設計潛力。在這方面,不得不關注韓國科學家對此的研究,其研究指出:"由於落入'中等收入陷阱'本質上是因為無法從實作潛力轉向設計潛力,因此,中等收入陷阱,又可以稱為'平均創新水平陷阱',也可以稱為'轉化潛力陷阱'。"

中國近年來加大了在複雜的系統領域進行自主研發的力度,包括高鐵、發電和輸電、消費電子產品(移動電話)以及作為創新商業模式的電子支付系統等。國內市場的規模使這一進程得以加速。眾多具有創意和想像力的企業家,在不同的市場空間進行自主開發,在有限的時間內,積累了比任何其他國家(包括發達國家)更多的嘗試和經驗。

此外,中國的國有企業承擔了部分相關風險。外國公司自願轉讓自己積累的經驗,這有助於中國企業的發展創新。出口市場讓中國企業家能夠獲得有關不同類型客戶需求的資訊。

目前,中國能否具備跨越"中等收入陷阱"的能力?中國人民大學副校長表示,中國正在努力解決可能導致經濟停滯、阻礙供給側結構性改革的問題,採取加強風險控制,調整宏觀調控,促進市場准入,大力刺激創新的措施。

尤其值得關注的是,中國提出,要聚焦實體經濟,推動製造業邁向全球價值鏈中高端，實施輻射全國的市場准入負面清單，支持民營企業發展，此外，還計劃進一步開放服務業，使中國成為創新型國家。

中國提前實現減貧目標是一項傑出成就

"中等收入陷阱"問題固然重要，但絕不應被視為黨和政府的頭等大事。相反，作為中國建設"小康社會"策略的一部分，消除絕對貧困和貧困才是當務之急。因此，更應該把重點放在社會政策和措施上。

例如，中國最近發表的一份關於扶貧的白皮書指出，黨的工作重點是，把群眾滿意度作為衡量脫貧成效的重要尺度，集中力量解決貧困群眾基本民生需求，寧可少上幾個大項目，也要優先保障脫貧攻堅資金投入；寧可犧牲一些當前利益、局部利益，也要服從和服務於減貧工作大局；寧可經濟增速慢一些，也要確保脫貧攻堅目標任務如期完成。白皮書指出，中國共產黨的消除貧困策略取得了顯著成效。改革開放期間，超過 7.7 億生活在中國現行貧困綫以下的中國農村人口脫貧，按照世界銀行的國際貧困標準，這一比例超過同期全球貧困率的 70%。在嚴重的全球性貧困、部分國家貧富差距拉大的背景下，中國戰勝了絕對貧困，提前 10 年實現了《聯合國 2030 年可持續發展議程》的減貧目標。這本身就是一項傑出的成就。

2022 年 8 月 24 日，中國成功發射北京三號 B 星

2022 年 9 月 2 日，神舟十四號航天員乘組圓滿完成首次出艙活動全部既定任務

陝西神木十年生態變遷

蘭州新區十年蝶變

關於中國法律發展
的思考

江樂士（Ian Grenville Cross）
香港資深大律師、香港特區政府前刑事檢控專員

自 1921 年起，中國經歷了巨變，由於這場巨變，這一古代文明的潛能如今得以充分施展。20 世紀 70 年代末，改革開放政策幫助中國改變了國家的命運，現已取得了經濟實力和全球影響力的極大提升，令中國人民和世界其他國家從中受益。而且，中國是通過自身的努力，將願景化為現實。

作為現代化工程的一部分，中央在為中國人民尋求更好的未來時，研究了替代性的方法並嘗試了不同的模式。這在香港特別行政區和澳門特別行政區都有鮮明的體現，港澳回歸以後，保留了其各自的獨有特色，並從中吸取了經驗教訓。這些經驗教訓包括其長期存在的法律安排，其中一個遵循普通法模式，另一個遵循大陸法傳統。

20 世紀 80 年代，鄧小平宣佈了一項著名提議——我們必須為中國建立現代法律體系。從那以後，改革者開始試圖完善中國的法律體系。雖然中國在法律體系實施了一些非常重要的改革，但這些改革在西方要麼被忽略，要麼被淡化，原因是這些改革與一些西方國家想要看到的對現代中國的負面看法不符。儘管如此，這些改革都是實實在在的。中國已取得重大進展，包括司法改革，這已經幫助中國準備好在世界範圍履行責任，包括"一帶一路"建設以及其他方面。例如，中國法院 2013—2017 年解決的涉外民事糾紛中，"一帶一路"相關案件佔主要部分。在這些案件的判決中，無論訴訟當事人來自哪裏，這些法院都根據司法制度的要求，採用平等保護訴訟當事人的原則。

在實現自我現代化方面，中國已認識到經濟發展必須由公平有效的法律體系支撐，該體系正是企業所需。2020 年，《中華人民共和國外商投資法》的施行，為外國投資者提供了新的機會，這些外國投資者在投資前，尋求金融確定性和公平競爭環境，而這些現在正在得到滿足。中國的近期重點已放在為國家的改革、發展和穩定創建有利的法律環境上。而且，實際上，處理涉外糾紛的法官在職權範圍內向外國人提供必要協助，協助的形式可以是多種多樣的。

例如，北京市通州區人民法院已設置專門的外籍訴訟當事人接待窗口，有說英語的法官向當事人解釋法庭程序，甚至有專門渠道供金融機構、公司和外籍當事人立案。處理涉外糾紛的法官還需要加快案件處理速度，並確保當事人能獲得便利的法律服務。很明顯，這些新措施將鼓勵包括外國人在內的更多人投資，也將加強司法機構的全球公信力。與此類似的是，隨着中國優化營商環境，仲裁也在解決糾紛方面發揮關鍵作用。

同時，為了創造更好的法律環境，完善司法服務也成為重點，這涉及提升透明度的問題。2020 年 3 月，最高人民法院工作報告中指出，正在通過實施改革，簡化法庭程序並加強司法公信力，此舉可能為中國成為全球首個將人工智能（AI）引入法律體系的國家鋪平道路。通過使用 AI 和大數據分析等新科技措施，中國司法運作正在轉型。在此過程中，"智慧法院"計劃正逐漸發揮其價值，包括通過與科技公司合作，實行高科技措施，如協助加快法院用戶檔案備案、綫上發佈法院判決、演算法分析、人工智能輔助審判決策等。

中國法院的進步確實令人難以置信，甚至遠超幾年前的預期。據最高人民法院介紹，2014 年起，除四種特殊情形外，人民法院作出的生效裁判文書均應在互聯網公佈。"截至 2020 年 8 月 30 日 18 時，中國裁判文書網文書總量突破 1 億篇，訪問總量近 480 億次。"[1]這一點意義重大，因為公佈全國各地的判決，增進了法官和法律專業人士對其他地方發生的情況的瞭解，這促進了法院間工作協調性的提升，從而使判決更加公平。這也意味着司法公信力得到了提高，從而增強了公眾對法院的信任度。

繼 2014 年發佈後，中國裁判文書網現在包括刑事、民事和行政案件的判決書，用戶能夠通過檢索功能查詢感興趣的判決。除法官外，律師也可以登入資料庫，這有助於他們起草辯護意見。儘管中國內地沒有採用普通法下的判決先例體系，但此舉仍有助於律師準備辯護意見。如果律師能向法院展示之前已由其他法官處理的類似案件，他們就可以針對同樣問題尋求統一的解決方法。很明顯，若國家法律在不同地區呈現不同的適用結果，將出現不確定性，而新型科技有助於確保不同地區法院對法律的理解和適用不會有很大差異。

此外，法院正在嘗試以電子形式採信證據，這最大的好處是，即便在新冠肺炎疫情期間，法院也能持續運作。根據"十四五"規劃，到 2025 年，中國法院將升級到第四代智慧法院，不僅包括一個容納所有司法資料的集中資料庫平台，還將包括一個中央控制中心，以監督全國各地智慧法院計劃的實施。

然而，如果法院要有效運作、伸張正義，則必須配備高素質的人員。曾經，中國基層法院的法官接受的法律培訓有限，但近年來這種情況已發生了改變。想要成為法官或司法人員、律師，必須取得法律學位，通過一項難度不低的國家統一法律職業資格考試，還要通過單獨的法官考試。這大幅

1　該數據來自新華社 2020 年 9 月 2 日的報道。

提升了司法人員的素質。很多新一代法官也已在外地攻讀法律，包括香港，這無疑開拓了他們的視野，增加了他們的公信力。

在我個人從事的刑事領域，最高人民法院自 2018 年以來，已在刑事案件中重點推行兩項重要原則：第一，存在疑問時不得處罰；第二，以非法手段取得的證據，不得在審判中用於指控嫌犯。這些準則深深植入普通法的傳統之中，在香港沿用，反映了這樣的理念——給嫌疑人定罪本身不是終點；定罪過程也必須公平。而之前刑事審判的重點在於確定供詞是否真實，現在則在於這些供詞是否自願。2012 年修正的《中華人民共和國刑事訴訟法》實施之後，遭脅迫的供詞即便屬實，也不再作為檢控嫌疑人的證據被採信。換言之，非法手段獲取的證據必須排除，這反映了全球公平審判的大趨勢。

但是，如果法官要排除非自願的供詞，則需知道這些供詞如何產生。這就是為什麼現在要求執法機構在審訊時錄像，當然，對較為重大的案件更是如此。這一技術由香港廉政公署率先使用，結果認罪量上升，無罪判決量下降。鑒於此，香港警方和澳門執法人員繼續採用了這個方法。已被廣為接受的合法性原則，要求任何人不得被強制自證其罪，而且，在法庭採信口供證據前，檢察官必須首先能夠通過錄像或其他方式，證明供詞出於自願。

另一個發展是關於人民陪審員，該角色與香港刑事審判中的陪審團異曲同工。最初於 20 世紀 50 年代被引入，當時是為公眾在司法程序中有機會發聲，但 2018 年實施的《中華人民共和國人民陪審員法》賦予他們在審判中與法官平等的權利，除非法律另行規定。其目的是“實現司法民主”。在通常情況下，人民陪審員是 3 人合議庭成員，但在較嚴重案件中，亦有資格參加 7 人合議庭，通常由 3 名法官和 4 名人民陪審員組成。儘管陪審員不能就法律問題投票，但他們仍可以討論。而在事實問題上，他們與法官一同投票，按 "少數服從多數" 原則做出決定。

因此，我確信，如果鄧小平看到中國如他所願，着手建設現代法律體系達到這樣的程度，他將倍感欣慰。我相信，作為 "一國兩制" 的總設計師，他也會對該政策在港澳的成功落實感到振奮。近年來，香港曾有極端分子，受到外部敵對勢力的煽動，他們利用香港的獨特地位，但卻不是為了成就更偉大的事業，而是企圖製造混亂和破壞整個國家。面對香港局勢動盪變化，中國共產黨依照憲法和《中華人民共和國香港特別行政區基本法》有效實施對特別行政區的全面管治權，落實 "愛國者治港" 原則，香港局勢實現了由亂到治的重大轉折。

自 1997 年起，《中華人民共和國香港特別行政區基本法》已確保普通法體系不僅在香港繼續存在，而且還日漸成功。憲法保證司法和檢控的獨立性，只有檢察官證明罪行證據確鑿，才有可能定罪。陪審團審判原則得到維護，法官的遴選基於其司法與專業素質，也可以從其他普通法司法管轄區聘請，這是不同尋常的姿態。香港終審法院被賦予終審權力，現有 14 名海外非常任法官成員，他們來自澳大利亞、加拿大和英國，這讓香港能夠與其他普通法管轄區保持密切聯繫，這顯然是有預見性的決定，且此舉有助於保持人們對法律體系的信心。

然而，仍有人想要 "一國兩制" 政策失敗，因為他們知道這將削弱中國。由於香港缺少維護國家安全的法律，這些人於 2019 年發起暴動，實施破壞、暴力和恐怖主義暴行。反對勢力公然鼓吹 "香港獨立" 和 "自決"，他們肆無忌憚地公開與中國的地緣政治對手勾結，甚至力勸他們制定將損害香港的法律。對此，2020 年 6 月 30 日，全國人大常委會通過《中華人民共和國香港特別行政區維護國家安全法》，採取了符合憲法、干預程度最低和尊重香港法律規範的方式來進行。

此舉符合憲法。首先，全國人大常委會行使的是憲法本身賦予它的權力；其次，《中華人民共和國香港特別行政區基本法》第十八條第三款規定，全國人大常委會可在徵詢其所屬的香港特別行政區基本法委員會和香港特別行政區政府的意見後，可對列於本法附件三的法律作出增減，任何列入附件三的法律，限於有關國防、外交和其他按本法規定不屬香港特別行政區自治範圍的法律。

干預程度最低體現為：其包含的法律僅針對可導致香港立即面臨威脅的犯罪行為，即分裂國家、顛覆國家政權、組織實施恐怖活動和勾結境外勢力危害國家安全等犯罪行為。根據《中華人民共和國香港特別行政區基本法》第二十三條規定，香港特別行政區應自行立法禁止任何叛國、分裂國家、煽動叛亂、顛覆中央人民政府及竊取國家機密的行為，禁止外國的政治性組織或團體在香港特別行政區進行政治活動，禁止香港特別行政區的政治性組織或團體與外國的政治性組織或團體建立聯繫。

尊重香港法律規範體現為：在《中華人民共和國香港特別行政區維護國家安全法》的第四條，明確 "維護國家安全應當尊重和保障人權"，包括 "言論、新聞、出版的自由，結社、集會、遊行、示威的自由在內的權利和自由"。這些是香港居民在《中華人民共和國香港特別行政區基本法》《公民權利和政治權利國際公約》和《經濟、社會及文化權利國際公約》下已享有的權利。

在刑事司法條款中，《中華人民共和國香港特別行政區維護國家安全法》第五條規定，處理刑事犯罪案件"應當堅持法治原則"，即確保嫌犯享有的權利受到保護、尊重無罪推定、保障公正審判、基於法律確定性起訴、在任何可能的情況下案件依照現有的司法程序處理。儘管香港特區行政長官基於終審法院首席法官的建議，可指定某些法官作為處理涉及國家安全案件的法官，但是具體哪位法官將處理哪宗案件，則由司法機構來決定。被選中的法官享有由《中華人民共和國香港特別行政區基本法》第八十五條所確保的獨立審判權。此外，並無外國法官處理國家安全案件的限制，這一點令人驚歎，再次凸顯了中國高度尊重香港的國際特色和法律傳統。

綜上所述，顯而易見，現在在整個中國，法律改革支持國家發展；現代化進程取得積極成果，前景良好。一個成功的國家一定由有效的法律體系支撐。以法律為基礎的治理原則，現已根植中國。中國人民受益於日漸成熟的法律和法律機構提供的保護。訴訟當事人的權利，無論本質上是民事、商事還是刑事，都得到了必要的保護。法律應始終被用作實現公正結果的手段，隨着中國的發展，這將勢在必行。

〔根據作者在 2021 年 6 月 16 日百年大黨國際學術研討會（香港）發言整理〕

2017 年 6 月 25 日，中國自主研發、具有完全自主知識產權的中國標準動車組 "復興號" 正式命名。"復興號" 26 日在京滬綫上投入運營，9 月 21 日在全世界率先實現高鐵時速 350 公里商業運營

《中華人民共和國香港特別行政區基本法》、《中華人民共和國香港特別行政區維護國家安全法》

2022 年 8 月 29 日，中國人民解放軍駐澳門部隊第二十三次建制單位輪換工作順利完成

2022 年 8 月 5 日，中國人民解放軍東部戰區海軍繼續在台島周邊海域展開實戰化訓練。這是從我艦拍攝的台艦近景

粤港澳大灣區的未來非常光明

阿里耶・瓦謝爾（Arieh Warshel）
2013 年諾貝爾化學獎獲得者、英國皇家化學學會榮譽會員、
美國國家科學院院士、香港中文大學（深圳）博文講座教授

香港是粵港澳大灣區的大門，這裏擁有眾多的大學，是科學重鎮，具有科技傳統優勢，所以我認為香港可以成為一個中心。我曾經考察了香港、澳門、深圳，以及其他多個地方，這些地方距離近，也是一個優勢，特別是港珠澳大橋已經建成，所以，我認為這個地方在科技方面有機會成為世界巨頭。

　　首先，這裏有很多新機構，而且香港與內地的其他研究機構有著良好的協作。我認為，知識與科學力量的高度集中，將有助於這個中心的發展。這裏的增長將會繼續，就像我們之前看見的那樣。

　　我在香港中文大學（深圳）設立了瓦謝爾計算生物研究院（Warshel Institute for Computational Biology）[1]。我們的方向是嘗試使用計算機推廣健康科學和生物學，以此展望未來。這一方向有著未來主義的意味，但是研究已有成效。我們正在使用計算機查看不同疾病在分子水平上的進展，嘗試尋找有助於抵抗這種疾病的藥物。其方法是對涉及疾病的分子建立模型，並採用生物信息學的方法，以瞭解這種分子如何在一個系統中運作，從而瞭解其在另一個系統的運作方式。這對於保護民眾生命、抵抗疾病、抵抗耐藥性或大型流行病等方面是有助益的，特別是能為患者帶來福音。我們確實取得了一些成效。例如，在新冠肺炎病毒方面，我們預見了一個變種向另一個變種的突變。這是研究所對健康和健康科學作出貢獻的方向之一。

　　瓦謝爾計算生物研究院現今開始參與香港中文大學（深

1　瓦謝爾計算生物研究院為阿里耶‧瓦謝爾教授在中國境內唯一命名並指導的研究機構。瓦謝爾教授負責指導科研方向及內容、定期參與研究院科研和行政會議、高級研究員以上科研人員成果討論、論文指導以及研究院發展等事務。

圳）醫學院的事務，我認為這會有更好的直接影響。但其要點是將優秀人才吸引過來，並推動計算機在生物科技領域的應用，這成為一個重要方向。而且，我們努力成為這一方向的領先者。

很多中國學生在參與我們的研究方向，他們有著對生物信息的學習動機，我也看到很多人朝著這個相當有希望的方向前進。例如我很高興地看到我身邊有中國博士後研究員。我認為，在科學這一方面，你們是向著正確的方向前進。在香港中文大學（深圳），我也看到了他們如何將英語融入教學，這是其教育方面令我印象深刻的地方——至關重要的是，與廣闊的世界建立聯繫。

我認為粵港澳大灣區有著非常光明的未來。大學之間的合作密切，例如香港中文大學和香港中文大學（深圳）的合作。這裏的基礎教育推行得相當好，而且附近有很好的大學，這對於未來發展是個很好的開始。這裏也有足夠的資源，現在我看到這裏越來越多的人有意成立公司，就像我遇到過的一個學生，在他還是大學本科生的時候就想成立一家公司。這種有趣的技術推動在這裏開始得很早，這有助於技術提升，特別是他們在大學接受基礎訓練的時候。所以我認為，在生物技術、機器學習及其相關方向上，只需要繼續進步，就將會帶來光明的前景。

根據作者在 2022 年 6 月 16 日紫荊文化國際論壇（香港）演講整理

港珠澳大橋遠眺

珠江口西岸的珠海與澳門交相輝映，構成一幅生機盎然的灣區封面

粵港澳大灣區是全球科技和經濟發展最具活力的地區之一

霍斯特‧亞瑟‧梵格（Horst Arthur Vogel）
瑞士科學院院士、美國發明科學院院士、中國科學院深圳先
進技術研究院計算機輔助藥物設計研究中心首席科學家

在"一國兩制"的護蔭下，香港可以獲得雙重優勢。一方面，香港回歸的中國是一個強大、繁榮的國家，將會成為世界最大的經濟體；另一方面，香港保持並強化自身作為金融中心的國際地位。這一點從一些跨國企業選擇香港作為其全球營運平台可以證明。

雖然現在香港遭受新冠肺炎疫情的嚴重衝擊，但我相信香港能夠克服這些障礙，並採取措施進一步促進經濟發展。

關於建立理想的科學技術創新中心，要從三個不同層次考慮。

首先，需大力支持基礎科學，特別是長期風險項目。這包括研究機構須配備最先進的技術，吸引願意簽署長期合同的年輕科學家，並給予豐厚的待遇，讓他們能夠執行長期風險項目。這樣才可能吸引到中國和世界最優秀的人才。這是實現突破性發現的關鍵，最終將為全社會帶來福祉。

其次，科學技術創新在很大程度上取決於創意與技術的密切交流和國際協作。這包括對國際研究計劃、共同項目以及學生與研究人員交流的支持。

再次，要成為國際科創中心，須從行政技術人員、工程人員到科研人員等各個層面聘用最好的人員和合作者。這意味着須向從基礎教育學校到頂級大學的各個層次教育投入大量資金。香港特區政府、深圳和其他粵港澳大灣區城市的政府都已經認識到，把粵港澳大灣區建成國際科創中心的工作已走上正軌，但需加大力度推進。

香港這個城市，長期以來一直擁有大量使用中英雙語的人口，可以在吸引國際社會優秀的學生和頂尖科技人員，培養使用英語、以英語為交流語言、具有國際化的研究環境方面發揮非常重要的作用，從而對作為世界領先的科創中心的整個粵港澳大灣區產生影響。

我認為粵港澳大灣區是全世界科技和經濟發展最具活力和動力的地區之一，這促使突破性研究成果能夠轉化為實際應用和產品。我們在這裏有機會實現突破性創新，將生物技術、基於人工智能的計算生物學與大數據庫資訊科技相結合，實現尋找諸如治療嚴重疾病新藥物之類的目標。關於我們在過去兩三年取得的科學成果，我在深圳先進技術研究院的研究小組的最終目標是，與學術界同仁和業界夥伴合作開發具有創新性的藥物。相較於製藥行業的現在做法，研究小組將新型算法與創新型生物技術相結合，以此大幅降低開發新藥物的時間和成本。

我們採用人工智能方法，在藥物研究方面開闢了全新途徑。我們在計算生物學以及新型實驗生物技術方面的能力，讓我們在藥物開發方面處於領先地位。這些領域存在快速轉化途徑。將基礎科學的核心研究成果轉化為令社會普遍受益的產品，確實存在極快的途徑。舉個例子，我們在深圳成立了一間富有活力的初創公司，公司將在新型藥物開發上發揮核心作用，使基礎科學研究成果得以快速轉化為產品。該公司以及其他初創公司的影響範圍，涵蓋了從新型抗生素到抗癌、糖尿病及老年病新藥物開發等。

因此，我對香港以及香港的生命科學發展有以下建議——我的想法既簡單又具有挑戰性——香港應大力支持基礎科學的長期研究。所有突破性發現以及其他新技術和新產品主要都來源於基礎研究，新方法具有風險，而實現創新發現需要時間。這不僅需要大量資金支持，還需大量患者參與。採取精湛的技術手段也同樣重要。所有這些均應整合粵港澳大灣區的科技資源。當地政府已經意識到這一點，且已在付諸實踐。

　　我認為，香港已經是一個高度國際化的城市，相較於粵港澳大灣區其他城市，這是一大優勢。另一方面，香港地方太小，不能萬事都憑一己之力，須與粵港澳大灣區其他城市合作。

〔根據作者在 2022 年 6 月 16 日紫荊文化國際論壇（香港）演講整理〕

福建龍岩正積極與粵港澳大灣區開展對接交流，進一步完善對口合作框架協議和實施方案，
扎實推進合作項目

香港街頭慶祝回歸 25 周年喜慶氣氛濃烈，"叮叮車"也張貼紅色廣告

粵港澳大灣區是全球科技和經濟發展最具活力的地區之一

2022 年 5 月 6 日，中央援港應急醫院和落馬洲方艙設施全面竣工交付

粵港澳大灣區是全球科技和經濟發展最具活力的地區之一

我目睹了中國取得的進步有多大

哈維 · 佐丁（Harvey Dzodin）
CCG（全球化智庫）高級研究員、美國廣播公司電視台前副總裁

我十分榮幸能夠在奧地利維也納講述 1988 年以來，我在中國內地和香港的個人經歷。當時，我是作為旅客第一次前往中國內地和香港。那時我是美國廣播公司電視台的副總裁，也曾經於 1979 年美中建交之時在卡特政府任職。那年的一月份，鄧小平訪問美國，對此我至今仍懷着溫暖的回憶。從那時起，以及本世紀的大部分時間，我住在北京並在中國各地旅行，因而我可以確切地講，就像我年輕時喜愛的朱蒂·考林斯（Judy Collins）的歌那樣：我現在已經看到了雙方的情況。而且得以密切觀察 1997 年以來 "一國兩制" 對中國香港、中國和世界分別意味着什麼。我看到的確實是積極的。

在觀察過各種不同的治理模式後，我對 20 世紀 50 年代和 60 年代瞭解到的美式民主的美好圖景，以及為在哈佛法學院和倫敦經濟學院學到的英美法學，感到悲哀。20 世紀 70 年代我在華盛頓目睹的也並不像正面描述的那樣，現在更是如此。直到 2004 年我來到北京，我親眼看到了全過程民主運作得如此良好，也看到了為什麼這麼多中國民眾，在一次又一次的民意調查中給予他們的政府極高評價。這得益於中國的體制，得益於中國制定和實施五年規劃。我目睹了中國取得的進步有多大。1953 年，中國第一個五年計劃開始，人均國內生產總值大約為 54 美元，如今已經超過 10,000 美元，而且仍然在上升。同時，中國讓超過 7 億人脫離絕對貧困，這是世界歷史上無可比擬的成就。今天美國的情況並不是那樣理想，在過去 40 年，大部分人基於購買力的收入處於停滯不前狀態。

"民主" 這個概念源自兩個古希臘詞彙，分別意為 "人民"（demos）和 "統治"（kratos）。這是一種人民通過在政府中發揮積極作用，直接或間接選出代表的制度。然而，沒有放之四海而皆準的標準。任何國家均無權將自己的政府模式強加於別國。因為一個國家的治理模式由其獨有的歷史和文化所塑造，任何國家都無法壟斷真理或最優制度。正如兩千年前偉大的羅馬政治家和哲學家西塞羅說，人民的福祉是最高的法律。中國共產黨強調要為人民服務。在美國，富人可以踩在別人的背上變得更富有——在我的成長過程中，我以為這不過是一些共產主義宣傳。但是現在我看到了雙方的情況，我能夠看到在我的國家，富人越來越富，這是以犧牲中產階級和工人階級為代價的。在這個新的“鍍金時代”，極富人群的確實現了收入的幾何級增長，這是以犧牲絕大多數人的利益為代價的。我們的稅收制度完全扭曲，結果是最富有的少數人不繳稅，而大多數其他人填補缺口。

香港回歸中國，洗刷了百年屈辱，對於超過 700 萬的香港人來說，是一件充滿希望的大事。然而，有殖民者心態的英國人，仍然認為可以繼續將香港視為己有。英國原本並沒有打算在 1997 年，按條約規定將香港歸還中國，他們有一種傲慢的想法，就是中國對西方技術的需求超過了對香港回歸的願望。在 2014 年的電視劇《歷史轉折中的鄧小平》中，我扮演撒切爾夫人的前任英國首相詹姆斯·卡拉漢（James Callaghan）。電視劇裏的“港督”問我扮演的角色，中國是否會讓英國歸還香港。我扮演的角色矢口否認，因為“他”堅信在 20 世紀 70 年代的中國，極度需要英國的技術支持以擺脫貧窮。當然，卡拉漢大錯特錯，後面的事情大家有目共睹。英國的民主，就像美國的民主，並不像丘吉爾所說的那樣處在最好的時刻。我曾在倫敦生活，與社會各個階層有過廣泛交流，我相信英國和美國一樣，處於一個明顯的種族主義社會。

在 1997 年前後，有的西方國家流傳着這樣的報道："一國兩制"下的香港，不僅會失去其作為亞洲通往世界的金融橋樑的地位，而且還會失去其令人羨慕、充滿活力的經濟。這明顯不符合實際情況。"一國兩制"下的香港，作為與紐約和倫敦並駕齊驅的國際金融中心，將會在銀行、保險、融資和財富管理等領域繼續發展。2020 年，香港首次公開募股（IPO）資金籌募量和上市生物科技公司數量均居全球第二。香港是全球最大的離岸人民幣業務中心，也是亞洲第二大私募基金中心。

我相信香港前景會更加光明。在中國共產黨的領導下，香港目前正處於 1997 年未曾預料到的經濟復興的巔峰時刻，特別是粵港澳大灣區規劃將為區內 8,000 多萬人口帶來共同富裕。到 2030 年，粵港澳大灣區經濟總量有望達到 5.6 萬億美元，甚至比德國的經濟總量還要大。香港將會成為越來越強大的金融中心和科創中心。香港在回歸祖國數月後，設立了可眺望維多利亞港的西九文化區。如今當代及國際藝術博物館——M+ 博物館已經在此建成，香港故宮文化博物館亦會在不久之後開放，再加上充滿活力的文化產業集群以及更多規劃中的文化場所，可見香港已經鞏固了自己作為文化藝術之都的領先地位。我期望有一天，能夠再次踏上充滿活力的香港，見證香港的巨大進步和無限活力。

〔根據作者在 2022 年 6 月 16 日紫荊文化國際論壇（香港）演講整理〕

2022 年 7 月 8 日，參觀者在香港故宮文化博物館的入口處拍照留念

2022 年 9 月 7 日，觀眾在香港故宮文化博物館參觀《洛神賦全圖》（南宋摹本）

航拍香港維多利亞港

我目睹了中國取得的進步有多大

為什麼我們需要更瞭解中國

來漢瑞（Hendrik Lackner）
德國奧斯納布呂克應用科學大學公法教授

從 1921 年到 2021 年，世界和中國這一百年的歷程很難用三言兩語概括。中國發展的腳步是如此迅疾，一次又一次地震撼着世人。中國回歸到全球主要經濟大國的行列，再次成為創新驅動力以及未來的塑造者，這在人類歷史上很可能是前所未有的。

由此引入我此次演講主題中的第一個核心論點："中國為什麼重要，我們為什麼需要更瞭解中國，我們可以從中國學到什麼。"只有瞭解中國，我們才能瞭解未來的世界局勢。任何想要瞭解中國的人，都需要以公正開放的態度來面對這個幅員遼闊的自豪國度，瞭解中國跌宕起伏的歷史、獨一無二的文化和語言。任何想要瞭解中國的人，都需要面對中國的政治體制和中國的憲法。

在進入"我們可以從中國學到什麼"這個話題之前，我想先列出三點前提條件：

首先，目前來講，以公正開放的態度與中國交流仍然不太常見，許多人往往事先未經過周密分析就已經形成了判斷。如此不科學的方法當然會帶來膚淺、片面的評價，進而導致各種偏見和陳詞濫調大行其道。

其次，針對德國國內有關中國的言論，我們德國人不應對其他人做事正確與否指手畫腳。沒有人喜歡被責備。中國在這一點上比較敏感，是完全可以理解的，因為中國從鴉片戰爭到"二戰"期間，經歷了一百年被外國強權侵略的屈辱。作為德國人，我們需要對本國歷史以及對歷史進程中的不正確行為進行自我批評。道德訓誡往往產生不了好的勸說效果，對於國際關係來講尤其如此，德國前總理施羅德（Gerhard Schröder）在最近的一次講話中明確指出了這一點。2013 年，前總理施密特（Helmut Schmidt）也在他所著的《最後一次訪問：與世界大國中國相遇》一書中敦促西方摒棄對中國的倨傲態度，對這一世界古老民族表示尊重。

再次，科學家的使命是提出批判性問題和質疑現狀，由此增加新知識、驅動創新，並對應對重大社會挑戰做出貢獻。但這並不意味着批判就是終點。試想一下，一對夫婦正在慶祝其金婚紀念日，你認為什麼應該是他們金婚慶典的重點——當然是積極的時刻和事件，共同的回憶和取得的成就。當然了，我們都知道，一段長久的婚姻不可能全都是愉快的。在中國共產黨慶祝建黨百年之際，指出中國存在的問題、分歧和爭端的同時，也坦誠認可過去幾十年來，中國現代化進程中取得的令人難以想像的歷史性勝利，是對中國人民取得的偉大成就的尊重。

幾週前，施普林格‧自然（Springer Nature）出版社出版了我與同濟大學的同事胡春春和司馬濤（Thomas Zimmer）合著的《中德競爭力互補》（*China Competence in Germany and Germany Competence in China*）。在本書的前言中，德國科研與教育部前部長安娜特‧莎萬（Annette Schavan）強調了信任作為外交基石的重要性。

我們所在的大學歡迎來訪的中國代表團時，我們經常感受到，我們的中國客人德語說得很好，對德國及其歷史有很好的瞭解，並且對德國各個學科的論述和發展都瞭如指掌。但是在德國，我們對於中國、中國的歷史、現代化進程以及當前發展知之甚少。因此，在德國的大學和學校中增強有關中國的研究，是一個極為重要的課題。中國是德國多年以來最重要的貿易合作夥伴之一，許多德國企業與中國有着幾十年的緊密經貿合作。同樣，在德國的中國企業也聘用大量德國僱員。在這樣的背景下，德國需要與中國開展更緊密的交流。

2019 年 10 月 1 日，施泰因邁爾總統（Frank-Walter Steinmeier）在中華人民共和國成立 70 周年賀信中，強調了兩國間的密切合作夥伴關係和互相依存。一年後，施泰因邁爾總統在一封寫給四川學生的信中，表達了德國有許多民眾希望能與中國加強交流，包括瞭解中國的歷史、文化和語言。這樣，我們就能學到更多知識。下面我來舉例說明：

　　首先，我們可以借鑒中國最新的技術，與其將這些技術看作威脅，不如看作機遇。像北京、上海和深圳這樣的特大城市，我們可以看到未來城市的模樣。例如，中國藉助人工智能和大數據等現代技術 —— 智能密切接觸者追蹤技術就是其一，快速成功地控制住新冠肺炎疫情。

　　其次，德國前總統武爾夫（Christian Wulff）曾在 2010 年就職演說中讚揚中國對於教育的重視。我作為訪問教授曾在合肥學院和中國政法大學授課，在與學生的交往過程中，曾目睹中國學生的勤奮和自律，他們在學習中真正體驗到快樂。

　　再次，瑞士漢學家勝雅律（Harro von Senger）在他的著作《謀略：中國不為人知的思想境界》（*Supraplanung–Unrecognized Horizons of Thought from the Middle Kingdom*）中探討了中國長期戰略規劃的藝術。這對於拓展德國人民的視野非常有益，特別是關於矛盾對立統一的觀點。

　　最後，中國人民的生活方式令人欽羨又給人啟發。從跨國交流的層面來講，兩國之間更多的直接交流絕對是可取的，無論是通過民間交流的方式，還是像德國學術交流中心（DAAD）的理念"交流中孕育機會"那樣，都將大有裨益。

〔根據作者在 2021 年 6 月 16 日百年大黨國際學術研討會（香港）發言整理〕

逼近 **260** 萬億元！

十年間全國國資系統監管企業
資產總額年均增長 **15.4%**

國務院國資委副主任翁傑明在6月17日
中共中央宣傳部舉行的"中國這十年"
系列主題新聞發佈會上介紹

截至2021年底

全國國資系統監管企業
資產總額
達 **259.3** 萬億元

比2012年底增長2.6倍，平均增長 **15.4%**

2012年至2021年

全國國資系統監管企業
累計實現增加值
111.4 萬億元

年均增長 **9%**

新華社發（宋博 製圖）

一組有關全國國資系統監管企業資產總額增長的數據

2022 年 6 月 17 日，中國第三艘航空母艦正式下水，命名為"中國人民解放軍海軍福建艦"，舷號為"18"

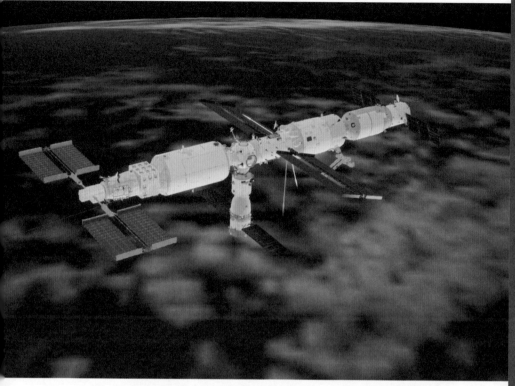

2022 年 7 月 25 日，"問天"實驗艙與天和核心艙組合體在軌完成交會對接

嫦娥五號月球樣品最新研究成果發佈

為經濟騰飛和現代化建設提供中國方案

閻小駿（Yan Xiaojun）
香港大學政治與公共行政學系副教授、中國制度研究中心總監

國內外的學者和觀察家們常把中國共產黨自創立以來，領導中國所經歷的複雜而深刻的革命與變革稱做"中國故事"。百年正是風華正茂。於世界而言，要講述自20世紀初期開端的這一炫目的"中國故事"，則必須解釋其中兩個最關鍵的"中國奇跡"：經濟騰飛和政治穩定。

　　前者，當然是指中國共產黨領導中國人民，在經歷了長期艱辛探索後，終於找到了適應中國國情的正確發展道路。特別是20世紀80年代以來，中國社會經濟的超常規高速發展和人民生活水平的快速提高，更是世所矚目的人類奇跡。在短短不到40年的時間裏，中國的經濟起飛複雜而多面：既有數量上的驚人增長、亦有質量上的不斷提升，更有結構上的優化調整，還有人民生活方式和社會組織方式的穩步現代化。

　　綜括而言，中國故事裏的第一個奇跡，即經濟社會奇跡，至少包含在三個層次上幾乎同時發生的重要轉型：第一個轉型是國民經濟體量躍升，即中國由一個世界上極為落後、所謂"一窮二白"的極不發達經濟體，在較短時間裏發展成為實現了工業化的世界第二大經濟體。在外交和國際關係層面，中國也逐漸從原先積貧積弱、落後捱打，或者在冷戰時期大國角力的夾縫中生存的狀態，逐漸走向國際政治、經濟和外交舞台的中心位置。

　　中國經濟社會奇跡所包含的第二層次的變革是體制轉型，即中國由一個蘇維埃式的中央計劃經濟體制，循序漸進地轉型為社會主義市場經濟體制。市場經濟體制的確立，為中國經濟開闢了全新空間，提供了源源不絕的推動力，降低了交易成本，優化了資源配置，史無前例地促進了中國人智慧和創新能力的迸發。

中國經濟社會奇跡所包含的第三層次的轉型，則是社會結構轉型和人民生活現代化，即中國社會由傳統的、以農業經濟為主體的社會組織形態，逐步轉變為以知識經濟為基礎、以城鎮居民為主體的現代化社會。隨着人均收入的不斷提高，中國居民的生活水準穩步提升，人民生活方式和社會生活的組織方式也不斷向現代化方向轉型。國民經濟結構中信息產業、服務產業的比重不斷增長。今天，中國社會的信息化、城鎮化和現代化正在不斷向前進步，這一深刻的轉型不斷重新定義中國社會中人與人之間的關係、個人與國家之間的關係，乃至社會與國家之間的關係。

　　"中國故事"中的第一個奇跡——"經濟社會奇跡"是一個世紀以來中國共產黨領導中國人民革命與改革歷程的絢爛篇章。在奪目的中國經濟奇跡背後，人們往往忽視的卻是"中國故事"中的另一個同等重要、卻亟待解釋的現象，即：面對如此複雜、劇烈而又深刻的社會經濟變革大潮，以及動盪不安的國際政治環境，中國共產黨究竟如何在 21 世紀保持國家基本政治秩序和社會生活秩序的總體穩定？這個西方學者所迷惑不解的獨特現象——中國在經濟社會格局急速變動下，國家基本政治和社會秩序的安全和穩定。這正是筆者以過往十餘年來在中國基層社會所進行的大量田野調查研究，所試圖解釋的中國故事中的"第二個奇跡"。

　　傳統西方政治學理論對於發展中國家在劇烈的社會變革中保持社會政治秩序穩定的能力，從來不抱樂觀態度。西方政治學家們往往認為：劇烈的社會經濟變動，必然改變發展中國家政權對社會和人口施行有效管治的內外環境。快速的經濟成長、急速的現代化或城鎮化，都無一例外會對既有的社會結構、階級結構和主流意識形態造成極大衝擊；社會經

濟層面的劇烈變化和隨之而來的利益關係調整，會極大加劇
國家和社會之間的張力和摩擦，並不斷加深兩者之間的緊張
關係。

同時，傳統政治學認為，發展中國家往往在國家能力上
存在"短板"。國家治理能力的不足，使得政權在適應劇烈社
會經濟變化方面的行動裕度有限；這種能力欠缺反映在日常
政治層面往往就表現為政府面對社會結構與利益訴求的快速
變化往往措手不及，行動遲緩，致使矛盾激化，政權認受性
受損，最終威脅到國家總體和基本政治秩序的穩定；甚至在
大規模群眾運動來臨時應接不暇、進退失據，最終造成政權
傾覆、社會動盪、國家失能、革命浪潮和政權易手。因此，
在西方政治學看來，經濟發展與政治穩定似乎是永遠不可並
肩而行的兩個相互排斥的過程，整個 20 世紀西方的理論和實
踐似乎也未能對此提供成功的解決方案。

正因為如此，中國共產黨在 20 世紀 80 年代以來，急速
的經濟基礎轉型變動中，如何成功保持上層建築的高度適應
性和國家基本政治秩序的總體穩定性，就成為國際學術界急
於希望尋找答案的重要問題。

中國共產黨在大時代中進行政權建設、維護國家基本政
治秩序的穩定，需要處理的問題和面對的挑戰五花八門。但
總體而言，有三個方面的挑戰最具關鍵性。政權是否能夠以
高度的政治智慧、精心的頂層設計和有效的政策推進來應
對這三方面的挑戰，直接決定國家穩定的政治秩序是否能
夠得到保證、社會的長治久安是否能夠得到維繫。在這三
方面挑戰中，首要的就是在急速變化的社會階級階層格局
下，如何保持、擴大和更新政權賴以存在的社會支持基礎和
執政基礎？其次，在不斷活躍的社會力量和不斷湧現的新的

利益訴求下，如何有序地擴大政治參與，將越來越多的新舊社會力量有機融合進國家的治理結構之中？再次，則是政權因應新的社會結構變局，如何管控好潛在的反對力量、不穩定因素和適當處理足以引起大規模、顛覆性社會運動的突發事件？在舊有的管理結構和控制辦法逐漸不適應時代要求的情況下，如何建立和重構新的治理體系，以延續和保障國家對社會的足夠掌握度，以及協調國家與社會關係運行的和諧有序？

中國共產黨一個世紀的艱辛探索，始終關注在政權建設和維護國家基本政治秩序穩定方面的制度、辦法和創新，以應對這三個方面的挑戰；而中國共產黨貢獻給世界的，也正是在經濟社會大變動時代中，如何保持國家基本政治秩序穩定的中國方案。這個具有鮮明中國特色的方案內容豐富，既有頂層設計的政治理性、又有"摸着石頭過河"式的實踐智慧，既有政權自身因應時代變化的自我革新與創新，也有針對潛在破壞因素的甄別、預防與管控。正如《詩經·大雅·文王》中的詩句所講的那樣，"周雖舊邦，其命維新"。中國雖然是文明古國，但永遠不會在守舊和故步自封中滅亡，只會在順應時代潮流、不斷自我革命中日新。

總體而言，在這個維護政權安全和政治穩定的中國方案裏，最重要的兩個組成部分就是：政權吸納和預防式管控。前者，我稱之為國家的"彈性"；後者，則稱之為國家的"剛性"。中國得以在過往三十多年的時間裏保持社會政治的基本穩定，根本經驗還在於正確處理和適時調整國家彈性與剛性這兩方面的辯證統一關係。

政權吸納不斷更新政權的社會基礎，擴大體制的邊界，鼓勵參與式公共治理，促進國家與社會的協調和交融，真正夯實政權穩定的社會基石。預防式管控，則是通過制度化的措施，發現、識別、干預和控制社會經濟大變動時代在社會層面上不斷湧現的對政權的潛在挑戰力量和潛在破壞因素，並把它們對國家基本政治秩序的負面影響控制在最低程度。正如中共中央總書記、國家主席習近平在 2016 年 4 月談到網絡安全問題時曾指出的那樣，"要知道風險在哪裏，是什麼樣的風險，什麼時候發生風險，正所謂'聽者聽於無聲，明者見於未形'"。中國共產黨和政府在 21 世紀政權建設上對國家"彈性"和"剛性"兩方面的高度重視，以及在維護基本政治秩序穩定的實踐中能始終做到"政治吸納"與"預防式管控"雙管齊下，最終得以在經濟社會大變動時代有效保持國家基本政治秩序的穩定。這是中國故事裏第二個奇跡的奧秘之所在。

政權建設的中國方案中"國家彈性"和"國家剛性"這兩個不同側面，反映出來的是中國共產黨作為"學習型政黨"的鮮明特徵，即：執政黨如何通過不斷對內觀察研判和對外學習吸收來進行自身的調整、適應和創新，既以高度靈活的姿態充分發揮國家的彈性優勢，增強自身執政基礎和社會支持基礎；又以高效果敢的態度，以預防式管控機制，充分、有效使用政權的剛性力量，保持國家對社會的有效治理，監督、識別和防止潛在反對勢力和不安定因素發展成為具有公開破壞性和顛覆性的反政權力量。"張而不弛，文武弗能也；弛而不張，文武弗為也。一張一弛，文武之道也。"[1] 在社會經濟大變革的時代，得以保持國家政權安全和國家基本政治秩序的穩定，關鍵就在於能夠以高度適應性和學習能力順應時

---

1 《禮記·雜記下》

代變化，有效掌握並運用國家彈性和剛性兩個方面的平衡力量，最終達致確保政治穩定的目標。

中華人民共和國於 1949 年成立以來，中國經歷了複雜、深刻又多變的不間斷轉型。無論是從半殖民地半封建國家，轉變為獨立自主的社會主義國家，還是從集中統一的中央計劃經濟，轉型為開放多元的市場經濟體制，又或者從封閉和半封閉的傳統落後社會，走向充滿活力和發展動力的現代化社會，這些不同轉型所引起的經濟社會層面的根本性變革，都不斷為黨和政府維護國家基本政治秩序穩定的任務提出新的挑戰和課題。自 20 世紀 90 年代以來，中國共產黨尤其重視處理好"改革""發展"和"穩定"之間的相互關係。而其中的重中之重，則是如何通過向實踐學習、向外部世界和人類文明的成果學習，冷靜研判，理性設計，通過改革和創新來回應在社會經濟大發展時代的新課題，通過不斷平衡、調適和運用國家彈性與剛性的兩面，保證國家基本政治秩序的穩定安全。

全球來看，能否建立起具有高度適應性的"學習型政黨"，是發展中國家在經濟社會變動下保持政治社會穩定的關鍵所在。"學習"在這裏指對內外環境和社會力量的觀察、研判和適應，對外部世界政治實踐成果的吸收，對自身執政和治理結構的適時調整和創新，對歷史傳統的理性繼承和揚棄，以及對社會管理和控制辦法的與時俱進等。總之，"學習型政黨"所具有的高度觀察力、判斷力、靈活性、應變性和機動性，都使其更能在複雜多變的內外環境中，以充足的彈性和適當的剛性，保持政權系統的韌性，從而促進整個治理結構與變化的社會經濟環境密切融合。可以說，以學習的態度不斷創新、有效平衡和善於運用國家的彈性和剛性，這正是中國共產黨為破解發展中國家在經濟社會急速變化條件下，有效進行政權建設、維護政治穩定這個世界性難題而提供的具有中國特色解決方案的重要篇章。

習近平在慶祝中國共產黨成立 95 周年大會上的講話中指出："中國產生了共產黨，這是開天闢地的大事變。這一開天闢地的大事變，深刻改變了近代以後中華民族發展的方向和進程，深刻改變了中國人民和中華民族的前途和命運，深刻改變了世界發展的趨勢和格局。"經過一個世紀的艱辛探索和不懈努力，中國共產黨對人類最重要的貢獻之一，就是在帶領中國人民向新社會前進的征途中，逐步形成了在經濟騰飛、社會轉型、國家和民族現代化進程中進行政權建設和維護國家政治穩定的中國方案。這個方案來自實踐，被實踐所檢驗，又更好地服務於實踐，也為世界其他國家探索適應其各自國情的相應解決方案提供了寶貴經驗，是中國共產黨為構建人類命運共同體、共同建設更美好的人類社會所做出的難能可貴的獨特貢獻。

〔根據作者在 2021 年 6 月 16 日百年大黨國際學術研討會（香港）發言整理〕

2013 年，"精準扶貧" 在十八洞村首次提出。圖為湖南湘西十八洞村苗家婚禮迎新春

2022 年，江西贛州農村新貌

為經濟騰飛和現代化建設提供中國方案

中國的成功在於
求真務實發展經濟

趙穗生（Zhao Suisheng）
美國丹佛大學約瑟夫‧科貝爾國際關係學院終身職正教授兼
美中合作中心執行主任

以我的個人經驗而言，中國過往 40 多年經濟的快速增長最令人印象深刻。

40 多年前，經濟處於崩潰邊緣，人民的生活水平非常低，中國開始改革開放。當時中國的收入分配雖然近乎平均，但所有人都是一樣貧窮。我在 1985 年剛到美國時，美國的現代化、高速公路、高樓大廈和大學及其他的一切（從電話到汽車）給我留下很深刻的印象，所見所聞都很新鮮。過去 40 多年，中國興建新的高速公路和高速鐵路，人民的生活水平迅速提升。我剛到美國時，中國的國內生產總值只相當於美國的一小部分，現在中國的國內生產總值達到美國的 70% 以上。過往 40 多年的經濟發展令人非常欽佩。

於我個人而言，多年前從中國來到美國，我當時為此感到十分自豪。我初到美國時，人們以異樣的眼光看我和其他從中國來的人。再看看現在從中國來的年輕人，比如我們大學的中國學生，往往被貼上 "富有的人" 的標籤，他們的經濟條件很好，有的開着名車。當初我來美國的時候買不起新車，只能靠二手車代步，要到餐館和其他地方打工餬口。讀研究生時，我要做教學助理或研究助理才有錢付學費。現在這些來自中國以及在中國的年輕人真的不一樣，他們也為中國及其過去 40 多年的發展歷程感到非常自豪。

另外一點很重要的是，多年來中國的發展是在十分穩定的政治環境下進行的。

中國與很多其他發展中國家不同，那些國家的經濟起飛多伴隨着反反覆覆的政治混亂和動盪，繼而令經濟發展脫軌。在中國，國家領導人注重經濟發展，認為這是一切的基礎。

我自己對 "中國模式" 或中國人所說的新的 "中國式現代

化道路"做過若干研究。我認為確實有一條中國式道路，一個中國的現代化模式。至於其是否可以取代西方的現代化模式，我們不知道，但至少可以為很多發展中國家提供一個選擇，去找到屬於自己的現代化之路。對我而言，很重要的一點是，這種發展模式或"中國式現代化道路"並不涉及意識形態。多年來，中國領導人都非常務實，全神貫注謀發展，加速現代化進程，提高人民生活水平。鄧小平曾說，不管白貓黑貓，捉到老鼠就是好貓。這十分務實。很多西方人對中國存在不少誤解。我經常告訴我的美國同事，中國並非他們所想，並非僅有意識形態，中國領導人很務實，知道中國想要什麼並為實現既定目標努力工作。持這種務實的態度發展經濟、推進現代化、改善人民生活，我覺得是十分令人敬佩的。

中國是個發展中國家，以發展為先，其他都在其次。中國努力排除意識形態干擾，吸收符合中國國情的各種方法，也包括參考西方的現代化模式。中國從西方學到很多，不單是西方的技術、科學，也有很多其他的管理技巧、風格甚至與政治發展相關的東西，中國根據國情拓展民主渠道，豐富民主形式，擴大人民有序政治參與。多年來，這些對中國的發展都十分重要。

中國共產黨在這個發展過程中發揮着領導作用，為中國的發展和現代化指引方向，代表中國最廣大人民的根本利益。中國共產黨成功實現了既定目標。我剛才提到過，對中國而言非常重要的是：在很多發展中國家，他們的發展脫軌了，而且現在美國的民主也開始下滑，導致決策困難。執政的中國共產黨總攬全局，排除方方面面的干擾，一旦作出正確決策，便能有力地實行。因此我認為，中國在短時間內興建了最長的高速公路、高速鐵路，建成大壩、大橋（如港珠澳大橋）等，這些只有在中國共產黨的領導下才能辦得到。其他國家亦可能做到，但他們需要在更加困難的政治環境下完成。中國可以集中資源來完成政府確定的重大項目和其他有益於中國人民福祉的事情。我認為這些就是中國共產黨發揮的作用，至少就中國 14 億多人口和巨大體量而言，現階段的經濟發展方面成效顯著。

當前，中國經濟發展面臨挑戰。經歷多年的經濟增長後，中國的經濟增速開始放緩。中國經濟體量如此巨大，不可能永遠維持雙位數增長，因此增長放緩屬正常情況。但中國已經習慣了那種快速的經濟增長，增長速度放緩會成為中國的一大挑戰。中國雖然面臨人口老齡化問題、收入分配問題、貪腐問題等，但中國發展仍有成長空間。中國在工業化和現代化方面還有很長的路要走。當前的關鍵是，中國必須十分清楚今天面對的挑戰，避免犯顛覆性錯誤。

很多國家在經濟發展過程中會面臨"中等收入陷阱"問題，中國應盡其所能避免落入"中等收入陷阱"。日本雖為富裕國家，但其經濟發展已停滯不前。中國目前尚未達到日本的富裕程度，但如果因決策錯誤導致經濟崩塌等問題，中國就將面臨大難題。中國固然已取得了很多成就，也應該為此感到自豪，但必須提高警惕避免犯錯。實現中國夢還在路上，中國應集中精力使國家變得強大和富裕。中國是一個崛起中的大國，一旦出錯，很容易導致崛起和發展脫軌。真切希望中國能夠在已經獲得巨大成功的中國式現代化道路上續寫輝煌。

（根據紫荊雜誌社記者採訪整理）

2019 年，珠江三角洲流域發達的路網與村落（航拍）

2016 年 11 月 3 日，長征五號運載火箭在海南文昌成功發射

2017 年 3 月 21 日，中國首個大型頁岩氣田——涪陵頁岩氣田已累計供氣突破 100 億立方米，這標誌著中國頁岩氣已加速邁進大規模商業化發展階段

甘肅：告別貧困，向綠而行

中國最大的成就是消除了絕對貧困

羅伯特・勞倫斯・庫恩（Robert Lawrence Kuhn）
美國庫恩基金會主席、中國改革友誼獎章獲得者

我來到中國已超過 30 年時間，一直在向世界講述中國故事。中國有很多成就，但沒有哪項成就比全面消除絕對貧困更有影響力。

我已走遍全中國，與我的長期合作夥伴朱亞當一起，到中國的 100 多個城市進行研究、採訪、寫書、發表文章、製作電視片和紀錄片。儘管我以為我很瞭解中國，但直到我到貧困農村，尤其是偏遠山村之後，我看到的越多，越意識到扶貧需要做的越多。

我和貧困村民交談，瞭解到有些人已通過經營微型企業擺脫貧困，有些人易地搬遷到了城郊，改善了生活環境，仍然還有些人生病或體弱，需要社會支持。

超越扶貧本身的大善，去理解中國共產黨如何完成扶貧工作使命，可以深刻洞察中國共產黨的治理結構和組織能力。在中國因其在國際事務中日益重要的角色而受到高度關注之時，這一點尤為重要。

已有約 8 年的時間，我一直關注中國的扶貧工作。很多人知道，中國計劃在 2020 年底全面建成小康社會。習近平總書記強調，建設小康社會，"決不能落下一個貧困地區、一個貧困群眾"。

2013 年 11 月，習近平總書記首次提出"精準扶貧"。我理解的"精準扶貧"是指個性化的程序和方案，有針對性的政策支持，包括標準化的貧困定義、貧困人口識別標準，以及量身定製的計劃與方案，以使每個人擺脫貧困。

中國針對不同的貧困狀況，採取多種措施：實行扶持對象、項目安排、資金使用、措施到戶、因村派人、脫貧成效"六個精準"，實行發展生產、易地搬遷、生態補償、發展教育、社會保障兜底"五個一批"。各行各業發揮專業優勢，開展產業扶貧、科技扶貧、教育扶貧、文化扶貧、健康扶貧、消費扶貧。省、市、縣、鄉、村五級地方黨組織書記擔負協調職責。

在此基礎上，定期和隨機進行測評，確保扶貧工作的真實和準確。我震驚地發現，中國每戶貧困家庭都有自己的檔案，並制定有針對性的計劃。這是為數百萬貧困家庭定製的計劃，每個月都要檢查、記錄下來並數字化，以供中央統計和分析。

同樣令人震驚的是，官員被委派到貧困村開展扶貧工作，有時長達兩年甚至多年。我曾參觀一個偏遠村莊的“民主測評會”，村民在會上投票將一個父親患有癌症的家庭列為貧困戶，並為另一個家庭擺脫貧困而高興。我還看到扶貧官員因工作不力被追究問責。

對那些驚歎於中國遏制新冠肺炎病毒傳播，令確診和死亡數較其他國家少之又少的外國人，我向他們指出，中國贏得抗擊新冠肺炎病毒的鬥爭、消除絕對貧困，其共同根源是中國共產黨的領導和組織能力。

這種了不起的相似性，為洞察中國共產黨領導下的治理體系提供了啟發性的視角。2020 年 2 月初，武漢封城後不久，我在國際和中國媒體上公開發聲，表達了對中國將遏制不斷升級的疫情的信心。我的信心不是基於神機妙算，而是基於我看到中國在消除絕對貧困方面取得的成功。抗疫和脫貧工作驚人的相似：中國共產黨的領導、習總書記的承諾、中國共產黨的動員能力。

讓我們逐個討論。

一是中國共產黨的組織領導，不只是下指令和發聲明，而是通過中國共產黨的組織，即中央和省、市、縣、鄉、村各級黨組織來實施計劃、落實工作。

二是中共中央總書記習近平的承諾，他為各級領導和官員樹立了榜樣。習近平幾乎去到哪裏都強調扶貧，鼓勵黨的幹部定期走訪貧困地區，並與貧困人士直接互動。"扶貧，我花的精力最多"，習近平的表述令人驚歎。我知道沒有其他國家領導人說過這樣語氣肯定的話。同樣地，疫情期間，習近平來到醫院慰問一綫工作者。

三是中國共產黨調動國家的資源，對人力和物力的動員能力。在遏制新冠肺炎疫情過程中，中國表現出來的動員能力在全球醫療史上前所未有：封閉武漢和周邊城市，涉及人口總數 6,000 萬；挨家挨戶測溫；中國共產黨網格化社會管控體系；數億人春節假期後延遲復工；號召大公司、國企和私企提供支持和物流；指派強省對口支援湖北省內疫情嚴重的城市——這也是東部和西部省市之間長期採用的扶貧策略。

其他國家都不可能做到。而中國之所以能做到，是因為中國共產黨的制度在發揮作用。那些意識到中國在防疫和扶貧方面取得空前成功的人，也一定認識到，原因在於黨在中國的全面領導和黨領導下的政府的強有力指揮。

快速實現國家目標是中國共產黨的制度優勢，中國共產黨還具有自我改革、自我糾錯的能力。中國正在開展懲治腐敗、改善信息收集反饋制度等，以增強治理能力。

多年來，我思考了是什麼成就了中國發展的奇跡，我請您考慮 11 個原則，它們有其他不同的表達方式，但這 11 個原則是我這些年來所見到的。

第一，中華民族是一個崇尚通過長期努力工作改善家庭生活、改變國家命運的民族。第二，發展是第一要務。第三，中國共產黨領導的多黨合作和政治協商制度。第四，中國共產黨嚴密高效的組織體系，覆蓋省、市、縣、鄉、村。第五，中國共產黨對人才的選拔、培訓、監督、檢查機制，提升了行政和管理專業性。第六，徵求和重視黨內外專家意見。第七，重視公眾意見，用科學方式調查民意，以看到人民的真實想法。第八，設立長期目標、中期目標和短期目標，並不斷監控和調整。第九，在政策執行和推出前，進行試點和試驗。比如經濟特區和自由貿易試驗區。第十，構建健全的監督機制。第十一，願意承認和糾正錯誤。

正如未來的歷史學家會將中國同新冠肺炎疫情的鬥爭，視為全球範圍內遏制新冠肺炎疫情的重要轉折點，未來的歷史學家也會意識到，中國同貧困的鬥爭是全球範圍內全面消除絕對貧困的轉折點。歷史會感謝中國在全球抗疫中起到的先鋒作用，正如歷史會感謝中國在令如此多的人口擺脫絕對貧困方面樹立的榜樣。我誠摯祝願這場中國共產黨百年歷史的重要會議圓滿成功。

〔根據作者在 2021 年 6 月 16 日百年大黨國際學術研討會（香港）發言整理〕

短短幾十年，跨越上千年——西藏 70 年巨變

短短幾十年，跨越上千年——西藏 70 年巨變

西方需要正確認識
中國共產黨

馬丁·雅克（Martin Jacques）
英國劍橋大學前高級研究員

167

西方不理解中國，因為西方的自信在於，他們認為所有國家都應該像西方一樣：同樣的規範、同樣的價值觀、同樣的制度。但中國不可能像西方。為什麼？因為中國源自一個非常不一樣的歷史和一個非常不一樣的文化。正是這兩樣東西塑造了今天的──當然也包括過去很長時間裏的中國。

關於西方在這個問題上的錯誤，我給大家提供一個經典的例子來說明。大家應該都記得，從 1972 年到 2016 年，中國與美國之間的關係曾經有一段相對比較合作和友好的時期，對美國人來說，這是基於他們的基本假設：隨着時間的推移，隨着中國的現代化，中國會變得西化，變得越來越像一個西式國家；也許是在經濟上，但肯定是在政治上。可是這事沒有發生。特朗普之所以退出當時與中國簽訂的協議，是因為美國方面在這個問題上的嚴重誤判，而這個誤判則是源自西方的自大與傲慢。因為，實際發生的情況是──中國確實成功實現了現代化，而且達到了對美國世界經濟地位構成挑戰的水平。而與此同時，中國並沒有變成一個西式民主的國家。中國的政治制度保持了其起初的獨特性，也保持了其歷史上很長時期裏的獨特性。而焦點也正在這裏。

中國會在各個方面繼續保持其與西方不同的特色，因為中國植根於中華文明。中國既是一個民族國家，又是一個文明國家（civilization state），但主要來說是一個文明國家。中國在今天和在歷史上都是由儒家價值觀塑造而成的，政府與社會之間的關係、西方主流的政府與社會關係相比有很大的不同。中國和西方之間的這種巨大差異，或者說鴻溝，在其各自的政治制度上表現得最為明顯。

我先來談談西方的態度。西方認為，西方自 1945 年以來主要的名片，是民主，也就是普選權、多黨制度、法治。在西方看來，任何政治制度，只要沒有這些特點，就缺乏基本的合法性。

回顧一些歷史可以幫助我們把這個問題放在一個合適的背景下來討論，因為我們確實需要看到它的背景。我們談論的是自 1945 年以後的事，但從 1918—1939 年，我們所稱的西方，大部分都不是民主的。當然英國在那段時期是符合這個定義的。美國大致上也符合。但總的來說，比如在歐洲，大多數國家都不具有這種形式的民主，實際上很多屬專制政體。所以這個問題確實必須放在其歷史背景下去看待。如果我們想理解 1945 年以後發生的事情，我們不能只談論抽象的概念，我們要理解西方是在什麼條件下具備能力和致力於實行這種民主的。這段時期的特點是西方霸權，西方對世界的領導，西方在世界經濟中的統治地位，合理的經濟增長，以及不斷改善的生活水平。從 1945 年到大約 1980 年，這些都在西方發生了。從 1980 年以後，情況就開始變差了，甚至可以說，有點崩潰了。自 1980 年以來，美國人口中有一半人的生活水平要麼停滯不前，要麼下降，而 2008 年的金融危機又加速了西方越來越嚴重的經濟問題，人們越來越不滿，這導致了政治上的影響和後果。要理解為什麼特朗普能在 2016 年的大選中勝出，就必須瞭解美國人口中的白人群體對美國制度、對這個制度未能實現其承諾、對民主制度未能實現其承諾（不光是經濟上）的深深不滿。這在總統選舉之前達到一個極其嚴重的程度，尤其是 2021 年 1 月 6 日的叛亂，居然發生在華盛頓特區、美國人自視為民主堡壘的國會山。特朗普真的支持美式民主嗎？他是美式民主的擁護者嗎？沒有多少證據支持這一點。我們最多可以說，他對美式民主抱着深深的懷疑態度。

所以，我們正在見證西方某些國家陷入民主危機，越來越深的民主危機，至少在美國是這樣。拜登現在是當權了，但特朗普下次會勝選嗎？會有一個像特朗普的人在下次選舉中勝出嗎？我們正在見證西方某些國家陷入統治危機。當然，西方某些國家喜歡談論中國政府這樣或那樣的危機，但坦率地說，這顯然是胡言亂語。發生統治危機的不是中國，而是西方某些國家。那麼，如何解釋最近發生在西方某些國家，特別是在美國關於中國的辯論、說辭和敘事上的轉向呢？

在 1972 年至 2016 年的那段關係結束以後，美國對中國的態度變得越來越消極，越來越有侵略性。事實上，現在在西方某些國家，他們都不再用 "中國" 這個詞本身的含義來談論中國。他們不談論中國政府，只談論中國共產黨，他們採用這樣一種簡單方式來對待中國。

而且，中國共產黨本身在這個過程中也被標籤化了 —— 被等同於蘇聯共產黨。那他們是在玩什麼把戲呢？他們這麼做是在搞什麼名堂呢？我們都知道蘇聯共產黨的結局是什麼，我們都知道蘇聯的結局是什麼。他們失敗了。這是很荒唐的。坦率地說，不管任何人，只要他對中國有任何瞭解，對蘇聯有任何瞭解，或者對中國共產黨有任何瞭解，又或者對蘇聯共產黨有任何瞭解，都知道不是一回事。兩者絕對從根本上來說就不是一回事。

蘇聯與中國有相當大的不同。中國共產黨也與蘇聯共產黨有相當大的不同。蘇聯共產黨基本上來說從來沒有真正擁有民眾基礎。他們的基礎是在後來被稱為莫斯科和列寧格勒的工人階級中的很少一部分人；他們在佔人口大多數的農民當中並沒有得到廣泛支持。

再來看中國的情況。從一開始，中國共產黨就得到人民廣泛的支持。這是一個關鍵性的區別。事實上，蘇聯的統治是少數人對大多數人的統治，中國共產黨的治理是基於人民大眾的治理。而且還要再加上一點，總的來說，蘇聯共產黨是充滿戒心的，並且越來越僵化。中國共產黨則與此相反。中國共產黨一直特別善於與時俱進，善於自我改造，善於在需要的時候調整政策。

坦率地說，蘇聯共產黨是徹底失敗了。所以，拿蘇聯這樣一個最終遭遇了歷史性失敗的國家，來和中國這樣一個取得了非凡歷史性成功的國家相比，如果那些西方人真的相信這些話，那只不過是一種自欺欺人的做法；又或者，如果他們不信的話，那至少他們是在試圖欺騙其他人。

事實上，西方必須解決的任務是：由於他們並不瞭解中國共產黨，所以他們需要去瞭解中國共產黨，因為中國共產黨無疑是當今世界最強大的政黨，是當代最成功的政黨。自1949 年以來，中國共產黨領導中國人民把中國從一個極度貧窮的國家發展為當今世界第二大經濟體，並日益接近於變成世界上最大的經濟體。這是一個非凡的成就。

你可能會問，中國共產黨是如何成功做到這一點的呢？這個問題極為重要。在我看來，正如我此前提到的，中國共產黨在中國人民當中根基極為深厚，被賦予了代表人民的使命、需要和能力，同時也被賦予一種潛在的自信。那就是中國共產黨確實代表人民，因而可以代表人們採取行動和發聲。這是其中一個因素。

我要強調的另一個因素是中國共產黨才思敏捷、足智多謀，有方向感，或者說有構思一個戰略並將其貫徹到底的能力。

中國共產黨還有一個特點值得強調，那就是，能把從表面上看起來對立的兩種東西結合到一起。一方面，中國共產黨非常有遠見，總是在構思未來應該是什麼樣子，以及中國的未來又應該是什麼樣子；另一方面又非常務實。還記得這四個字嗎？毛澤東很喜歡的，很多中國領導人包括鄧小平、習近平等都喜歡的：實事求是。換句話說，就是不要建空中樓閣，要根據實際來解決問題。所以，可以說，中國共產黨擁有兩個非常強有力的指引，一個是長遠思考，另一個是務實，始終聯繫實際，始終聯繫群眾。

在我看來中國和中國政府另一個非常重要的特點，實際上可以追溯到中國歷史。在西方，關於治理狀況的討論中有一個特點，那就是大體上來說，只談論選舉的方法。換句話說，就是如何構思西式民主，也就是之前提到的普選權、多黨制等。西方在現實中基本上不談國家能力、政府能力的問題。中國就完全不同了。中國一直對自己的治國安邦之術，對自己的治理能力感到驕傲，中國要回溯到很久以前，追溯到孔子的儒家思想。

中國人一直認為，政府應該由最優秀的人才組成，並能以高度稱職的方式行事，這絕對是對政府最根本的要求。我想強調這一點並指明區別，儘管中國仍是一個發展中國家，雖剛剛擺脫貧窮，但實際上，國家能力，以及管理國家的人的能力，是遠高於某些西方國家的。

如果想理解中國如何取得今天的成就，這就是最重要的原因之一。某些西方人士對中國的批評之一是中國採用的是一黨執政，他們認為一黨體制中，人民沒有選擇，所以必然會越來越僵化。

說中國、中國的制度，自 1949 年以後變得僵化了的這個說法很難立得住。這是一個可以說是以光速在變化的國家，這個國家總以一種非凡的方式跟上其社會和經濟的變化，並且在這個變化的過程中不斷自我改造。

我們來看看鄧小平成為中國領導人之後的情況。他相信中國正在改變，正在成長，但是可以成長得更快。他相信中國可以發展得更好。

首先，在鄧小平時期，中國共產黨提出把黨和國家的工作重心轉移到經濟建設上來。這是一個巨大轉變，但這絕對是一個關鍵性的改變，因為從那時起，中國的增長率從原本大約 4%～5% 上升到 10%。

其次，鄧小平相信中國需要加入世界，並融入世界。他非常自信：最終我們必須要能夠與資本主義世界競爭。換句話說，他支持中國融入世界。這兩項改變實際上都是深刻的改變，比任何主要西方國家從 1978 年至今的同一時期所做的變化都大。這真的是非凡的改變。這些是誰做出的呢？另一個政黨嗎？不，是中國共產黨創造的。

中國共產黨是如何做到這樣的改變的呢？因為，這是一個深深植根於人民的共產黨，非常自信，因此能夠做出這樣的改變。坦率地說，我們在任何一個西方國家，無論是民主黨、共和黨、保守黨或工黨執政的西方國家，都從沒有見到過這種巨變。

所以，如果你說因為是一黨執政，就僵化了，不能做出改變，與人民脫節，對不起，那種情況在西方可能正在發生，但在中國絕對沒有。

我們還可以說些什麼呢？中國共產黨總是讓我驚歎和佩服的事情之一，是儘管取得了這麼多成功，儘管擁有如此非凡的歷史，但中國共產黨並不認為這一模式一定適合其他國家，從未要求其他國家把中國模式移植到他們自己國家。因為中國是獨特的。中國是很不同的。

你可以把這種態度與美國的態度比較一下，就像我開始的時候提到的那樣，他們認為所有人都應該跟他們一樣，所有人都應該採用西方模板。又或者，你也可以把這種態度與蘇聯共產黨的態度比較一下，後者相信每個國家都應該跟蘇聯一樣。中國的心態與這兩者大不相同。當然中國具有其他國家，尤其是發展中國家，但也越來越包括發達國家可以學習的地方，但這不同於要求其他國家照搬照抄中國經驗。從這個意義上說，中國瞭解在歷史上和在當代背景下多元主義和多樣化對於世界的重要意義。在我看來，這正是中國提供的啟示。

作為總結，我講兩點。首先，我們在慶祝中國共產黨成立 100 周年。那中國共產黨顯得很老了嗎？看上去沒有活力了嗎？變得陳腐了嗎？我不這麼想。我認為中國共產黨是一個極有活力的組織，屢次證明了自己有能力與時俱進，而且我期待中國共產黨它將來也會如此。

其次，未來會是一個巨大的挑戰，因為中國未來會是一個比現在發達和繁榮得多的國家、社會和經濟體，會在世界上扮演一個更重要的角色。中國能勝任這個挑戰嗎？當然，中國也許會犯錯誤。任何不犯錯誤的領導都不是領導，因為那意味着他什麼也沒幹。你必須試驗，你必須追尋，你必須解決，你必須前進。不光是從過去的成功中學習，還必須從自己的錯誤中學習。這在將來，比如在未來 50 年裏，會是中國共產黨面臨的挑戰。

讓我們以回顧中國的歷史作為結束。自公元前 221 年秦朝之後的 2,000 多年裏，中國可以說在五個朝代裏都是世界上最先進的國家之一，我想到的是漢朝有一部分，唐朝、宋朝、明朝有一部分，清朝也有一部分。現在，中國即將再次成為世界上最發達和最重要的國家之一，而且會在中國共產黨的卓越領導之下實現這個目標。

〔根據作者在 2021 年 6 月 16 日百年大黨國際學術研討會（香港）發言整理〕

2019 年，湖南長沙，毛澤東雕像

坚持党的基本路线一百年不动摇

2022 年，深圳羅湖，鄧小平畫像

附錄

新理念引領新發展　新時代開創新局面

——黨的十八大以來經濟社會發展成就系列報告之一 [1]

　　黨的十八大以來，面對世界百年未有之大變局和世紀疫情衝擊帶來的國內外發展環境深刻複雜變化，以習近平同志為核心的黨中央團結帶領全黨全國各族人民，攻堅克難、開拓創新，統籌推進"五位一體"總體佈局，協調推進"四個全面"戰略佈局，立足新發展階段，貫徹新發展理念，構建新發展格局，着力推動高質量發展，黨和國家事業取得全方位、開創性成就，發生深層次、根本性變革，如期全面建成小康社會、實現了第一個百年奮鬥目標，開啟全面建設社會主義現代化國家、向第二個百年奮鬥目標進軍新征程，中華民族偉大復興進入不可逆轉的歷史進程。

一、經濟實力大幅提升，綜合國力和國際影響力顯著增強

　　各地區各部門堅持穩中求進工作總基調，創新和完善宏觀調控，有效應對新冠肺炎疫情等嚴峻挑戰，有力抵禦國內

1　本文來源：國家統計局。圖表由編者製作。

外經濟領域重大風險，我國經濟持續健康發展，綜合國力顯著增強，國際影響力穩步提升。

經濟總量連上新台階。2013—2021 年，中國國內生產總值年均增長 6.6%，高於同期世界 2.6% 和發展中經濟體 3.7% 的平均增長水平。2014、2016、2017、2018、2020 年，國內生產總值相繼跨越 60、70、80、90、100 萬億元大關，2021 年突破 110 萬億元，達 114.4 萬億元，按不變價計算為 2012 年的 1.8 倍。我國經濟佔全球份額穩步提升，國際影響力與日俱增。按年平均匯率折算，2021 年中國經濟總量佔世界經濟的比重達 18.5%，比 2012 年提高 7.2 個百分點，穩居世界第二位。2013—2021 年，中國對世界經濟增長的平均貢獻率超過 30%，居世界第一。

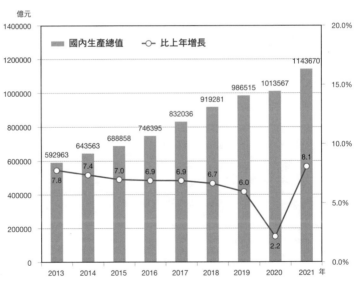

圖1　2013—2021 年國內生產總值及其增長速度

數據來源：2013—2021 年《中國統計年鑒》，《中華人民共和國 2021 年國民經濟和社會發展統計公報》。

人均國內生產總值實現新突破。2021 年，中國人均國內生產總值達 80,976 元，扣除價格因素，比 2012 年增長 69.7%，年均增長 6.1%；按年平均匯率折算達 12,551 美元，連續 3 年超過 1 萬美元，穩居上中等收入國家行列，接近世界銀行劃分的高收入國家門檻值。

財政實力進一步增強。2021 年，全國一般公共預算收入突破 20 萬億元大關，達到 20.3 萬億元，按同口徑計算，2013—2021 年年均增長 5.8%。財政收入規模不斷擴大，對促進經濟發展、保障改善民生、調整經濟結構、有效防範風險提供了堅實資金保障。

圖2　2013—2021 年全國一般公共預算收入

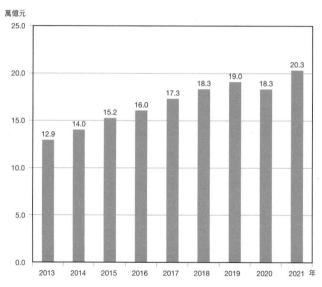

數據來源：2013—2021 年《中國統計年鑒》，《中華人民共和國 2021 年國民經濟和社會發展統計公報》。

外匯儲備穩居世界第一。國際收支自主平衡總體格局基本形成，跨境資金流動相對均衡，外匯儲備總體穩定，黨的十八大以來，中國外匯儲備穩定在 3 萬億美元以上，2021 年末達 32,502 億美元，穩居世界第一。在外部形勢複雜嚴峻的背景下，龐大穩定的外匯儲備規模為中國經濟抵禦外部風險衝擊提供有力保障。

圖 3　2013—2021 年年末國家外滙儲備

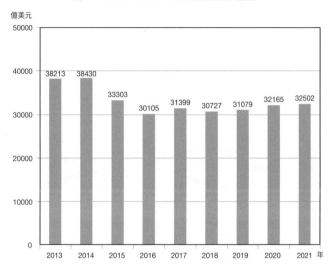

數據來源：2013—2021 年《中國統計年鑒》，《中華人民共和國 2021 年國民經濟和社會發展統計公報》。

二、發展基礎全面夯實，基礎產業和基礎設施建設加強

現代化基礎設施體系建設穩步推進，新型基礎設施建設步伐加快，新一代信息網絡快速發展，基礎產業和基礎設施保障能力顯著提高，為促進經濟平穩健康發展，保障和改善民生創造有利條件。

農業基礎進一步鞏固。隨着一系列強農惠農政策落實，

農業綜合生產能力不斷提高，確保了國家糧食安全和重要農產品供給。2021 年，中國糧食產量 13,657 億斤，比 2012 年增產 11.5%，連續 7 年穩定在 1.3 萬億斤以上。2015—2021年，穀物總產量保持在 6 億噸以上，穩居世界首位；肉類、水果、花生、籽棉、茶葉等農產品產量均保持世界第一。農業科技創新和機械化步伐加快。2021 年，農業科技進步貢獻率超過 60%，農作物耕種收綜合機械化率超過 70%。

圖 4　2012—2021 年糧食產量

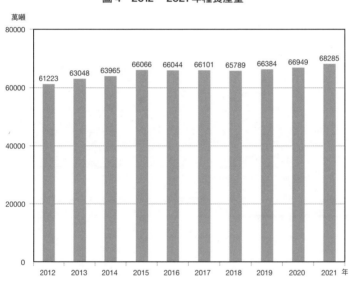

數據來源：2012—2021 年《中國統計年鑒》，《中華人民共和國 2021 年國民經濟和社會發展統計公報》。

交通運輸發展成就突出。四通八達的綜合運輸網絡逐步完善，建成全球最大的高速鐵路網、高速公路網。2012—2021 年末，鐵路營業里程由 9.8 萬公里增加至 15.1 萬公里；其中高速鐵路營業里程由不到 1 萬公里增加到 4 萬公里。公路里程由 424 萬公里增加到 528 萬公里，其中高速公路里程由 9.6 萬公里增加到 16.9 萬公里。現代高效的城市軌道交通快速發展。2021 年末，城市軌道交通運營綫路里程 8,736 公里，擁有運營綫路的城市達 51 個。

圖 5　2012 年與 2021 年交通運輸發展成就對比

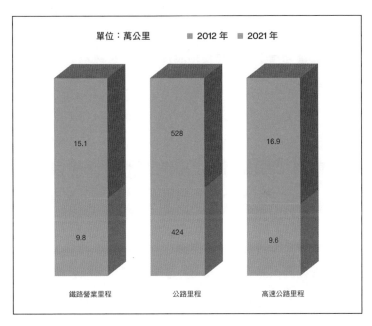

數據來源：《中華人民共和國 2021 年國民經濟和社會發展統計公報》。

信息通信水平快速提升。"寬帶中國""網絡強國"戰略加快實施，信息通信服務較快發展。2021 年，中國移動互聯網接入流量 2,216 億 GB，是 2012 年的 252 倍。互聯網普及率明顯提高。2021 年，互聯網上網人數達 10.32 億人，比 2012 年增長 83.0%；互聯網普及率升至 73.0%，提高 30.9 個百分點。5G 網絡發展勢頭強勁。2021 年末，累計建成並開通 5G 基站 142.5 萬個，已建成全球最大 5G 網，5G 基站總量佔全球比重達 60% 以上，居全球首位。

能源生產能力穩步提升。初步核算，2021 年，中國一次能源生產總量 43.3 億噸標準煤，比 2012 年增長 23.2%，年均增長 2.3%。其中，原煤產量 41.3 億噸，比 2012 年增長 4.6%；天然氣產量 2,076 億立方米，增長 87.7%；原油產量 19,888 萬噸，供給總體穩定。2021 年末，全國發電裝機容量 237,692 萬千瓦，比 2012 年末增長 1.1 倍；水電、風電、太陽能發電裝機和核電在建規模穩居世界第一，成為全球非化石能源的引領者。

三、創新發展動能增強，創新型國家建設取得新進展

創新驅動發展戰略深入實施，國家戰略科技力量不斷強化，創新型國家建設穩步推進，創新引領作用顯著增強，新動能茁壯成長，經濟發展方式加快轉變，全社會的創新活力和創造潛能得到激發。

創新投入快速增加。我國研發經費總量在 2013 年超過日本，成為世界第二大研發經費投入國。2021 年，研究與試驗發展（R&D）經費支出 27,956 億元，為 2012 年的 2.7 倍，年均增長 11.7%；研發經費支出與國內生產總值之比為 2.44%，比 2012 年提高 0.53 個百分點，已接近 OECD 國家疫情前 2.47% 的平均水平。科教興國、人才強國戰略扎實推進，研發人員總量穩居世界首位。2021 年，按折合全時工作量計算的全國研發人員總量為 562 萬人年，比 2012 年增長 73.1%，連續 9 年居世界第一。

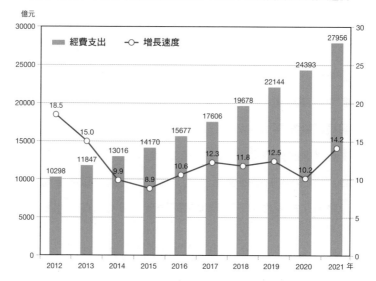

圖6　2012—2021 年研究與試驗發展（R&D）經費支出及其增長速度

數據來源：2012—2021 年《中國統計年鑒》，《中華人民共和國 2021 年國民經濟和社會發展統計公報》。

創新產出不斷擴大。國家戰略科技力量加快壯大。量子信息、鐵基超導、幹細胞、合成生物學等基礎前沿研究湧現出一系列重大原創成果，載人航天、探月工程、深海工程、超級計算、大飛機製造等戰略高技術領域取得重大突破。專利申請授權明顯增加。2021 年，國內外專利申請授權量 460.1 萬件，比 2012 年增長 2.7 倍；中國申請人通過 PCT 途徑提交的國際專利申請達 6.95 萬件，連續三年位居全球首位。截至 2021 年末，發明專利有效量達 359.7 萬件，每萬人口高價值發明專利擁有量 7.5 件。世界知識產權組織報告顯示，中國在全球創新指數中的排名由 2012 年的第 34 位躍升至 2021 年的第 12 位。

創新動能茁壯成長。"大眾創業、萬眾創新"深入推進，新主體活力迸發，新產業新業態新模式蓬勃發展。市場主體大量增加。2021 年末，全國市場主體達到 1.54 億戶，比 2012 年增長 1.8 倍，每年淨新增超 1,000 萬戶。實物商品網上零售發展較好。2021 年，實物商品網上零售額佔社會消費品零售總額比重達 24.5%，比 2014 年提高 15.3 個百分點；完成快遞業務量 1,083 億件，比 2012 年增長 18 倍。"三新" 經濟規模持續擴大。2021 年，"三新" 經濟增加值相當於國內生產總值的比重達 17.25%，比 2016 年提高 1.88 個百分點。2020 年以來，新動能快速發展，為抵禦疫情衝擊和推動經濟恢復發揮了重要作用，成為推動經濟高質量發展的新引擎。

圖 7　2012—2021 年快遞業務量及其增長速度

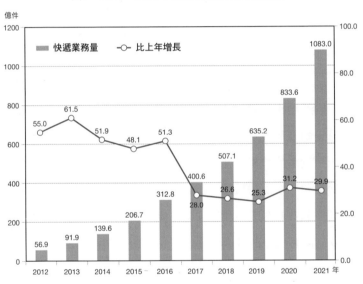

數據來源：2012—2021 年《中國統計年鑒》，《中華人民共和國 2021 年國民經濟和社會發展統計公報》。

四、協調發展步伐穩健，經濟結構不斷優化

供給側結構性改革深入推進，新型城鎮化和鄉村振興戰

略加快推進，經濟結構調整加快，轉型升級成效明顯，區域發展空間佈局持續優化，經濟發展的平衡性、協調性、可持續性增強。

供給側結構性改革深入推進。"製造強國"戰略加快實施，產業發展向中高端邁進。2021年，製造業增加值達31.4萬億元，比2012年實際增長74.3%，2013—2021年年均增長6.4%。2013—2021年，規模以上高技術製造業、裝備製造業增加值年均分別增長11.6%、9.2%，分別快於規模以上工業4.8、2.4個百分點。服務業發展量增質升。2021年，服務業增加值達到61.0萬億元，比2012年實際增長90.7%，2013—2021年年均增長7.4%；佔國內生產總值的比重達53.3%，提高7.8個百分點。勞動生產效率持續提高。2021年，全員勞動生產率（按2020年價格計算）為146,380元/人，比2012年增長80.3%，2013—2021年年均增長6.8%。

圖8　2013—2021年服務業增加值及其增長速度

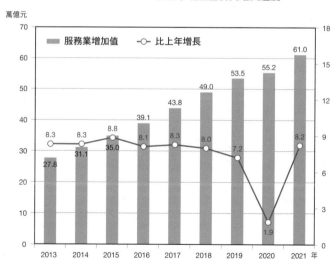

數據來源：2013—2021年《中國統計年鑒》，《中華人民共和國2021年國民經濟和社會發展統計公報》。

需求結構持續優化。消費的基礎性作用不斷發揮，成為經濟增長主要推動力。2021 年，最終消費支出對經濟增長的貢獻率為 65.4%，比 2012 年提高 10.0 個百分點；高於資本形成總額 51.7 個百分點，是經濟增長第一拉動力。投資結構不斷優化，服務業和民間投資較快增長。2013—2021 年，第三產業投資、民間投資年均增長 8.9%。

新型城鎮化和鄉村振興扎實推進。城鎮化水平不斷提高。2021 年末，中國常住人口城鎮化率為 64.72%，比 2012 年末提高 11.62 個百分點，年均提高 1.29 個百分點。鄉村建設全面提速。2021 年，農村自來水普及率達到 84%，現有行政村全面實現村村通寬帶，具備條件的建制村全部通硬化路。城鄉發展差距進一步縮小。城鄉居民人均可支配收入之比由 2012 年的 2.88 縮小至 2021 年的 2.50，人均消費支出之比由 2.57 縮小至 1.90。

圖 9　2012—2021 年年末常住人口城鎮化率

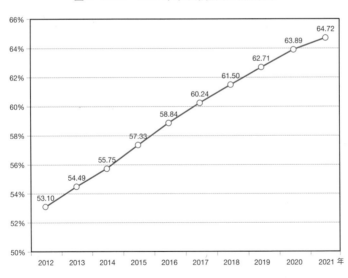

數據來源：2012—2021 年《中國統計年鑒》，《中華人民共和國 2021 年國民經濟和社會發展統計公報》。

區域協調發展呈現新格局。東中西和東北"四大板塊"聯動發展。2013—2021年，中部、西部地區生產總值年均增速分別為7.5%、7.7%，分別快於東部地區0.5、0.7個百分點。京津冀協同發展、長江經濟帶發展、粵港澳大灣區建設、長三角一體化發展、黃河流域生態保護和高質量發展等區域重大戰略有效實施。城市群和都市圈承載能力不斷提高，成渝地區雙城經濟圈等發展活力提升，一批中心城市輻射帶動作用日益增強。

五、綠色發展態勢向好，人與自然和諧共生加快形成

"綠水青山就是金山銀山"理念深入人心，綠色發展、循環發展、低碳發展扎實推進，美麗中國建設加快，中國生態環境質量持續改善，逐步走上生產發展、生活富裕、生態良好的文明發展道路。

污染防治攻堅戰成效顯著。藍天、碧水、淨土保衛戰取得重大進展。2021年，全國地級及以上城市平均空氣質量優良天數比例為87.5%，比2015年提高6.3個百分點；PM2.5年均濃度為30微克/立方米，下降34.8%；全國地表水考核斷面中，水質優良（Ⅰ—Ⅲ類）斷面比例為84.9%，比2012年提高23.3個百分點。土壤環境狀況得到改善，2021年全國受污染耕地安全利用率穩定在90%以上。

能源生產使用調整優化。能源革命深入推動，碳達峰碳中和有序推進，能源生產和消費向清潔低碳、安全高效轉變。2021年，天然氣、水核風光電等清潔能源佔能源生產總量的比重為26.4%，比2012年提高11.1個百分點；佔能源消

費總量的比重為 25.5%，提高 11.0 個百分點。節能降耗成效顯著。2021 年，單位國內生產總值能耗比 2012 年累計降低 26.4%，年均下降 3.3%。

圖10　2012─2021 年清潔能源消費量佔能源消費總量的比重

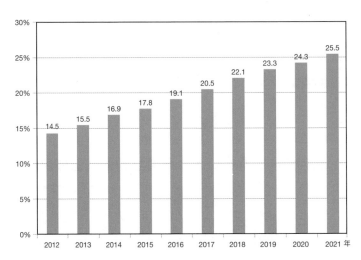

數據來源：2012─2021 年《中國統計年鑒》，《中華人民共和國 2021 年國民經濟和社會發展統計公報》。

生態修復全面加強。國土綠化取得明顯成效。2013─2021 年，全國累計造林總面積約 5,944 萬公頃。2021 年，全國森林覆蓋率達 23.04%，比第八次全國森林資源清查（2009─2013 年）結果提高 1.41 個百分點。水土流失治理持續推進。2013─2021 年，累計新增水土流失綜合治理面積 53.4 萬平方公里。自然保護體系更加完善。2021 年末，共有國家級自然保護區 474 個，國家公園 5 個，加快構建以國家公園為主體的自然保護體系。

人居環境持續改善。城市宜居品質持續提升。2021 年末，城市污水、生活垃圾無害化處理率分別為 97.5%、

99.9%，分別比 2012 年末提高 10.2、15.1 個百分點；2020 年末，城市人均公園綠地面積達 14.8 平方米，比 2012 年末增長 20.5%。農村環境綜合整治穩步推進。2021 年末，全國農村衛生廁所普及率超 70%，生活垃圾進行收運處理的自然村比例穩定保持在 90% 以上。

六、開放發展邁向更高層次，全面開放新格局加快形成

堅持對內對外開放相互促進、"引進來"和"走出去"更好結合，貿易強國建設縱深推進，互利共贏、多元平衡、安全高效的開放型經濟體系加快構建，更大範圍、更寬領域、更深層次對外開放格局逐步形成，中國國際經濟合作和競爭新優勢不斷增強。

貿易規模穩步攀升。貨物貿易持續擴大，服務貿易加快發展，中國貿易大國地位日益鞏固。2020 年，中國貨物和服務貿易總額達 5.3 萬億美元，首次超過美國成為全球第一大貿易國。2021 年，貨物和服務貿易總額達 6.9 萬億美元，繼續保持世界第一。其中，貨物貿易總額達 6.05 萬億美元，比 2012 年增長 56.5%，連續 5 年居世界第一；服務貿易總額達 8,212 億美元，比 2012 年增長 70.1%，保持世界第二。

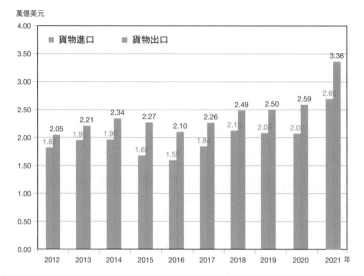

圖 11　2012—2021 年貨物進出口總額

數據來源：2012—2021 年《中國統計年鑒》，《中華人民共和國 2021 年國民經濟和社會發展統計公報》。

貿易結構持續優化。一般貿易佔比穩步提升。2021 年，一般貿易進出口佔進出口總額的比重達 61.6%，比 2012 年提高 9.6 個百分點。資金技術密集型產品出口快速增長。2021 年，機電產品、高新技術產品出口額分別比 2012 年增長 68.4%、62.9%，增速明顯快於全部出口。高附加值服務出口增勢強勁。2021 年，電信計算機和信息服務、金融服務出口額分別為 2012 年的 5.0 倍、2.7 倍。

雙向投資達到新水平。在全球跨境投資低迷的背景下，中國外商投資規模不斷擴大，成為吸引全球投資的熱土。2021 年，中國實際使用外資 1,735 億美元，比 2012 年增長 53.1%，再創歷史新高，保持全球第二。對外投資穩步增長。2021 年，中國對外直接投資額達 1,452 億美元 [1]。2013—2021

1　2021 年對外直接投資為年度快報數據。

年，中國累計非金融類對外直接投資 11,281 億美元，穩居世界前列。

共建"一帶一路"成效顯著。2021 年末，中國已與 170 多個國家和國際組織簽署 200 多份共建"一帶一路"合作文件，"六廊六路多國多港"互聯互通架構基本形成。2013—2021 年，中國與"一帶一路"沿綫國家進出口額從 6.5 萬億元增至 11.6 萬億元，年均增長 7.5%，佔同期進出口總額比重由 25.0% 提升至 29.7%；中國對"一帶一路"沿綫國家直接投資額累計達 1,613 億美元。中歐班列發展迅速，截至 2022 年 1 月累計開行突破 5 萬列。自貿區建設擴圍提效。目前中國已建立 21 個自貿區，與 26 個國家和地區簽署 19 個自貿協定。2022 年 1 月 1 日，區域全面經濟夥伴關係協定（RCEP）生效實施，全球最大的自貿區正式啟航。

七、共享發展持續加強，發展成果更多更公平惠及全體人民

堅決打贏脫貧攻堅戰，不斷改善貧困地區人民生活，全力擴大就業，積極增加居民收入，聚焦人民群眾急難愁盼問題，加強普惠性、基礎性、兜底性民生建設，社會保障體系建設不斷加強，人民生活水平持續提升。

絕對貧困歷史性消除。現行貧困標準[1] 下，2013—2020 年，全國農村貧困人口累計減少 9,899 萬人，年均減貧 1,237 萬人，貧困發生率年均下降 1.3 個百分點。貧困群眾生活水平

1　現行農村貧困標準是指農村居民每人每年生活水平在 2300 元以下（2010 年不變價）。

顯著改善。2013—2020 年，貧困地區農村居民人均可支配收入年均實際增長 9.2%，快於全國農村居民 2.2 個百分點。國家脫貧攻堅普查結果顯示，貧困地區中，通硬化路、通動力電、通信信號覆蓋的行政村[1]比例分別為 99.6%、99.3% 和 99.9%。2020 年，貧困地區使用管道供水、獨用廁所的農戶比重分別為 91.0%、97.2%，分別比 2012 年提高了 34.6、6.2 個百分點。面對新冠肺炎疫情衝擊，2021 年各方面推動鞏固拓展脫貧攻堅成果與鄉村振興有效銜接，守住了不發生規模性返貧的底綫。

就業形勢總體穩定。就業優先戰略深入實施，就業規模穩步擴大。2013—2021 年，全國就業人員穩定在 7.4 億人以上，城鎮新增就業人數每年保持在 1,100 萬人以上。農民工繼續增加。2021 年，全國農民工總量達 29,251 萬人，比 2012 年增加 2,990 萬人，年均增長 1.2%。就業結構不斷優化。2021 年，第三產業就業人員佔全部就業人員比重達 48.0%，比 2012 年提高 11.9 個百分點。城鎮調查失業率總體穩定。2018—2021 年[2]，城鎮調查失業率平均值分別為 4.9%、5.2%、5.6%、5.1%，除 2020 年受疫情影響相對較高外，其他年份均保持在 5.5% 以內。

1　為國家脫貧攻堅普查登記時點數據。普查中的行政村，包括國家貧困縣的全部行政村和有建檔立卡戶的居委會、社區。
2　全國城鎮調查失業率自 2018 年起正式對外發佈。

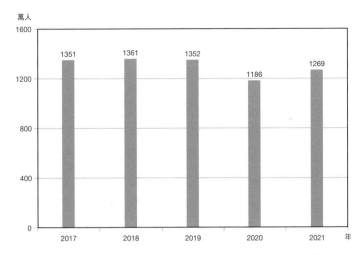

圖 12　2017—2021 年城鎮新增就業人數

數據來源：《中華人民共和國 2021 年國民經濟和社會發展統計公報》。

　　居民生活水平逐步改善。居民收入與經濟同步增長。
2021 年，全國居民人均可支配收入 35,128 元，比 2012 年
增加 18,618 元，年均實際增長 6.6%，快於同期人均國內生
產總值年均增速 0.5 個百分點。居民消費水平不斷提升。
2021 年，全國居民人均消費支出 24,100 元，比 2012 年增加
12,046 元，年均實際增長 5.9%。居民消費升級態勢明顯。
2021 年，全國居民恩格爾係數為 29.8%，比 2012 年下降 3.2
個百分點；全國居民每百戶家用汽車、移動電話擁有量分別
為 41.8 輛、259.1 部，分別比 2013 年增長 147.3%、27.5%。

圖 13　2012—2021 年全國居民人均可支配收入及其增長速度

數據來源：2012—2021 年《中國統計年鑒》，《中華人民共和國 2021 年國民經濟和社會發展統計公報》。

社會保障網織密兜牢。多層次社會保障體系加快完善，建成世界規模最大的社會保障體系。2021 年末，全國基本養老保險、基本醫療保險覆蓋人數分別達 10.3 億人、13.6 億人；參加失業、工傷、生育保險人數分別比 2012 年增加 7,733 萬人、9,277 萬人、8,323 萬人。基本住房保障得到加強。2015—2021 年，全國開工改造各類棚戶區 3,100 多萬套。2021 年，全國保障性租賃住房開工建設和籌集 94 萬套。

八、社會事業繁榮進步，經濟社會發展協同共進

社會建設全面加強，教育強國、文化強國、體育強國建設扎實推進，健康中國戰略加快實施，基本公共服務體系不斷健全，人民群眾精神文化生活豐富完善，社會面貌煥然一

新，經濟社會協同發展的良好局面不斷鞏固。

教育水平持續提升。教育普及水平穩步提高。2021 年，九年義務教育鞏固率、高中階段毛入學率、高等教育毛入學率分別達 95.4%、91.4%、57.8%，分別比 2012 年提高 3.6、6.4、27.8 個百分點。國民素質明顯提升。2021 年，勞動年齡人口平均受教育年限達 10.9 年，比 2015 年提高 0.7 年。

文化建設不斷加強。公共文化服務不斷擴展。2021 年末，全國共有公共圖書館、博物館 3,215、5,772 個，分別比 2012 年末增加 139、2,703 個。文化產業快速發展。2020 年，文化及相關產業增加值佔國內生產總值的比重為 4.43%，比 2012 年提高 1.07 個百分點。文化遺產保護傳承卓有成效，孔子學院與孔子課堂遍佈全球，中國以外累計學習使用中文的人數近 2 億，中華文化影響力顯著增強。

图 14　2012—2021 年博物館數

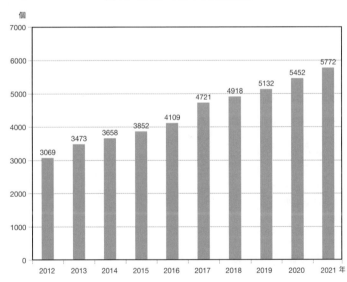

數據來源：2012—2021 年《中國統計年鑒》，《中華人民共和國 2021 年國民經濟和社會發展統計公報》。

健康中國建設積極推進。醫療服務供給能力顯著提升。2021 年末，全國醫療衛生機構床位、衛生技術人員分別達 945 萬張、1,124 萬人，分別比 2012 年末增長 65.0%、68.4%。居民健康狀況明顯改善。人均預期壽命由 2010 年的 74.8 歲提高至 2021 年的 78.2 歲；嬰兒死亡率由 2012 年的 10.3 下降至 5.0。面對新冠肺炎疫情衝擊，中國堅持人民至上、生命至上，常態化精準防控和局部應急處置有機結合，持續推進新冠肺炎病毒疫苗接種，疫情防控取得重大戰略成果，守護了 14 億多人民的生命安全和身體健康。

圖 15　2012—2021 年年末衛生技術人員人數

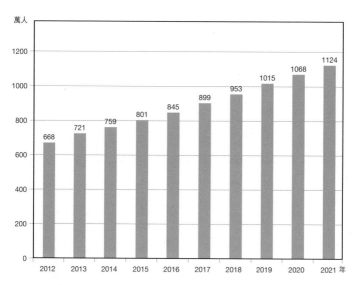

數據來源：2012—2021 年《中國統計年鑒》，《中華人民共和國 2021 年國民經濟和社會發展統計公報》。

體育事業成績斐然。競技體育迭創佳績。2013—2021 年，中國運動員共獲得 879 個世界冠軍。成功舉辦了簡約、安全、精彩的北京冬奧會和北京冬殘奧會，實現帶動 3 億人參與冰雪運動的目標。全民健身廣泛參與。2021年末，全國共有體育場地397.1萬個，人均體育場地面積達2.41平方米。2020年，全國7歲及以上人口中經常參加體育鍛煉人數比例達37.2%。體育產業蓬勃發展。2020年，體育產業增加值佔國內生產總值的比重為1.06%，比2015年提高0.26個百分點。

縱觀黨的十八大以來波瀾壯闊的發展歷程，在以習近平同志為核心的黨中央堅強領導下，全國各族人民團結奮鬥、砥礪前行，全面建成小康社會目標如期實現，中華民族偉大復興展現出前所未有的光明前景。但當今世界正經歷百年未有之大變局，全球政治經濟格局面臨深刻調整，國內發展不平衡不充分問題突出，重點領域關鍵環節改革任務艱巨，爬坡過坎中的困難和壓力前所未有，前進道路上各種風險挑戰前所未有。征途漫漫，唯有奮鬥。現在，黨團結帶領中國人民踏上了實現第二個百年奮鬥目標新的征程，我們要更加緊密團結在以習近平同志為核心的黨中央周圍，高舉中國特色社會主義偉大旗幟，堅持黨的全面領導，堅持以人民為中心，堅持穩中求進工作總基調，完整、準確、全面貫徹新發展理念，加快構建新發展格局，推進供給側結構性改革，不斷深化改革開放，推動高質量發展，奮力實現經濟行穩致遠、社會安定和諧，為全面建設社會主義現代化國家、實現中華民族偉大復興的中國夢不懈奮鬥！

責任編輯	龍　田
書籍設計	a＿kun
書籍排版	何秋雲
校　　對	栗鐵英

書　　名	非凡十年：海外和港澳專家看中國
編　　者	紫荊雜誌社　大同出版傳媒
出　　版	三聯書店（香港）有限公司
	香港北角英皇道 499 號北角工業大廈 20 樓
	Joint Publishing (H.K.) Co., Ltd.
	20/F., North Point Industrial Building,
	499 King's Road, North Point, Hong Kong
香港發行	香港聯合書刊物流有限公司
	香港新界荃灣德士古道 220-248 號 16 樓
印　　刷	美雅印刷製本有限公司
	香港九龍觀塘榮業街 6 號 4 樓 A 室
版　　次	2022 年 11 月香港第一版第一次印刷
規　　格	特 16 開（150 mm × 228 mm）208 面
國際書號	ISBN 978-962-04-5085-3